Warum die Tiere jetzt immer »essen«

DIETER PROKOP

WARUM DIE TIERE JETZT IMMER »ESSEN«

Und andere mehr oder weniger
unterhaltsame Stücke

 tredition®

Dieter Prokop ist Professor em. für Soziologie
an der Goethe-Universität in Frankfurt.

© 2021 Dieter Prokop
Verlag & Druck: tredition GmbH, Hamburg

ISBN 978-3-347-35567-5 (Paperback)
ISBN 978-3-347-04523-1 (e-Book)

Covermotiv: Eva Heller

INHALT

UNTERHALTSAME STÜCKE

WENIGER UNTERHALTSAME STÜCKE

STIMMUNGSERHITZUNG

MEHR UNTERHALTSAME
STÜCKE

UNTERHALTSAME STÜCKE

*Die idealistische
Umdefinition der Welt*

»Gesellen, folgt uns unverwandt!
Wir fahren ins Schlaraffenland
Und stecken doch in Schlamm und Sand.«
Sebastian Brant: Das Narrenschiff
([1494] 1998: 408, Nr. 108)

WARUM DIE TIERE
JETZT IMMER »ESSEN«

Heute fressen die Tiere nicht mehr, sie »essen«. Die Menschen haben jetzt die Raubtiere, deren Stärkste stets die Schwächeren fressen, zu »Essern« erhoben. Zwar wird im Fernsehen immer noch gezeigt, wie der Löwe die Gazelle jagt und dann sein Gebiss in sie schlägt – unzivilisiert, ohne Balkongrill und ohne Messer und Gabel. Dennoch sagt Jeder heute, dass Tiere »essen«.

Dieses Vornehmtun im Namen der Tiere liegt wohl daran, dass heute die Menschen selbst immer tierischer, wölfischer werden. Gegenüber den Tieren waren sie das immer schon. Aber heute werden die Menschen auch wirtschaftlich, politisch, gesellschaftlich immer mehr zu Raubtieren (»Raubtierkapitalismus«). Damit das nicht zu offensichtlich wird, müssen die echten Raubtiere jetzt eben »essen«.

WARUM ALLE PERSONEN
JETZT IMMER
»MENSCHEN« SIND

Früher sagte man: »Der Aufzug fasst soundso viele Personen.« Heute nennt man die Leute nicht mehr Personen, sondern »Menschen«: »Der Aufzug fasst soundso viele Menschen.« Das ist so wie heute eine Großmarkthalle nicht mehr Großmarkthalle heißt, sondern »Frischezentrum«. Und so wie das Wort »Frischezentrum« den Irrglauben nährt, dass man dort *immer* frische Ware erhält, soll die demonstrative Bezeichnung von Personen als »Menschen« eine Illusion nähren: dass es auf der Welt keine widerlichen Personen gibt, sondern überall nur »Menschen«, also Leute, die sich permanent menschlich verhalten. So als gäbe es überall auf der Welt nur noch Menschlichkeit – und Frische.

WARUM MAN SONNENUNTERGÄNGE BEWUNDERT

Sonnenuntergänge zu bewundern ist eine romantische Sache. In der Geschichte war die Romantik eine Opposition der Bürger gegen die »machiavellistische« Größe der feudalen Herrscher. »Größe« sollte keine politische Macht mehr bezeichnen, sondern à la Leibniz in der von vornherein, durch göttlichen Willen, stabilisierten Harmonie der Natur liegen. In der Tradition der Romantik feiern die Bewunderer des Sonnenuntergangs die gleichsam göttliche Größe der Natur – und zeigen Bereitwilligkeit, sich dieser Größe zu unterwerfen.

Sonnenuntergänge sind rot. Nun weiß man, dass das Rot einst die Farbe der Könige war. Was daran lag, dass die Produktion entsetzlich teuer war, das konnten sich damals nur Könige leisten. Der König trug immer rote Schuhe, und auch der traditionsbewusste Papst Benedikt trug noch rote Schuhe. (Der grünpopulistische Papst Franziskus natürlich nicht mehr.) Mit dem Entstehen von Städten und Märkten erhielt das Rot eine andere Symbolkraft: Über den Märkten wehte die rote Fahne der Marktfreiheit. Ein paar Jahrhunderte später wurde das Rot die Farbe der linken zentralistischen Kaderparteien – also wieder ein Symbol der Macht.

Natürlich denkt kein Sonnenuntergangs-Bewunderer an die roten Schuhe der Könige und Päpste, nicht an die spätmittelalterliche Marktfreiheit und schon gar nicht an den Sozialismus. Für den Romantiker ist es die Natur, die beim Sonnenuntergang ihren Königsmantel in seinem Rot am Firmament ausbreitet. Bewundert wird die quasi-göttliche Maschinerie. Der glutrote Himmel ist ein Teil der Maschinerie, die das Gleichgewicht garantiert. (s. von Matt 2008: 374 ff.) So wie sich auch im »freien Markt« – angeblich – das quasi-göttliche Gleichgewicht dank der göttlichen Invisible hand automatisch herstellt.

»Einfach natürlich«

»Staatlicher Schutz vor Corona, das ist überflüssig. Menschen werden nun einmal krank und sterben. Das ist einfach natürlich.«, sagt eine Frau mittleren Alters in die Fernsehkamera, aufgenommen auf einer Demonstration in Düsseldorf gegen staatliche Corona-Maßnahmen. Jemand, der den Bericht im Smartphone sieht, sagt: »Ein paar rafft's halt immer dahin.«

Wird es demnächst auch Leute geben, die ihren alten Kühlschrank aus dem Fenster werfen, weil das einfach natürlich ist? Und wenn der Kühlschrank unten einen Passanten erschlägt, sagt der Nachbar, der das sieht: »Ein paar rafft's halt immer dahin.«

»DIE EINEN SAGEN ES SO,
DIE ANDERN SO.«

Die Gewohnheit, bloß subjektive Meinungen gegenein-
ander auszuspielen und sich eines objektiven Urteils zu
enthalten, entstand mit der postmodernen Mode, alles
für eine »Erzählung« zu halten, für eine »Narration«.
Das war gegen die Möglichkeit und Notwendigkeit
gerichtet, Wahrheit zu finden, also Realität und damit
auch das Recht und das Wissen objektiv zu bestim-
men. Wenn alle sich jedoch weigern, Realität – und
damit auch Widersprüche und Gegensätze – objektiv
wahrzunehmen, bleibt nur die relativistische Vorstel-
lung übrig, dass Jeder in seinem sozialen Milieu eben
seine milieuspezifische Meinung vertritt. – Oder die
Meinung seines Arbeitgebers.

Aber: Wahrheitssuche ist keine Talkshow, in der die
einen dieser und die anderen anderer *Meinung* sind.
Wahrheitssuche ist Urteilsbildung, so wie auch ein
Gerichtsprozess keine Talkshow, sondern eine Urteilsbildung ist. In diesem Sinn schrieb Voltaire:

»Nous cherchons la vérité, et non la dispute.« – »Wir
suchen die Wahrheit, nicht den Disput.« ([1756] 1990,
1.Bd.: 50)

NEUERDINGS:
DIE FRAUEN SCHICK UND
DIE MÄNNER VERROTTET

Jeder, gleich welchen Geschlechts, Alters etc., soll in
Rahmen der Gesetze machen was er will, also auch
sich anziehen wie er will. Als Soziologe darf man aber
beobachten, was da geschieht: Auf der Einkaufsstraße
im Sommer in der Großstadt sind die Frauen gut an-
gezogen, sei es konventionell, sei es innovativ mit
Minirock oder langem Rock, der das Bein-Zeigen ermöglicht. Ihre Partner aber laufen herum wie kleine
Jungs. Entweder konventionell, dann sehen sie aus wie
frisch vom Campingplatz, in verwaschenem T-Shirt,
grauer kurzer Hose und ausgelatschten Turnschuhen.
Oder »modisch«, dann sind das T-Shirt und die kurze
Hose schwarz und die Turnschuhe neu und weiß oder
grasgrün. Zuerst, seit dem *immer* krawattenlosen Auftreten des linkspopulistischen Ministerpräsidenten
Tsipras, verpönten die Männer die Krawatte. Jetzt wird,
jedenfalls in der Freizeit-Öffentlichkeit, die lange Hose
zum No Go. Klar, dass man im Sommer eine kurze Hose
trägt, weil es heiß ist. Aber es ist es ein Unterschied, ob
Frauen mit modischer Fantasie auftreten oder ob Männer, alte wie junge, in der Stadt herumlaufen wie auf
dem Campingplatz.

Warum gestatten die Frauen den Männern, sich

anzuziehen wie kleine Jungs, denen nur noch die Sand-Schippe fehlt? Kommt das einer sadistischen Frauen-fantasie entgegen: der Fantasie vom entmachteten Mann? Nein, der Mann entmachtet sich selbst. Die neue Fantasie des kurzbehosten Mannes ist die Sehn-sucht nach dem Kindsein. Da muss man nur einmal das Gesicht eines auf einem Elektroroller (»E-Scooter«) fahrenden Erwachsenen ansehen, der kurze Hosen an-hat: Er lächelt glücklich wie in seiner Kindheit, als er seinen Tretroller fuhr.

Diese Männerfantasie richtet sich gesellschaft-lich – nicht zuletzt wegen realer beruflicher Unsicher-heiten – auf die flexible Arbeitszeit, den Halbtagsjob. Oder auf die Rolle als Hausmann. Der bügelnde Mann ist heute ein gesellschaftliches Idealbild. Hinter der Hausmann-Fantasie steht eine weitere Fantasie: der all-umfassende Versorgungsstaat. Der Staat soll gefälligst Staatsknete locker machen, fettes Grundgehalt, fette Prämien für ökologisch korrektes Benehmen und fettes Kindergeld. Bezahlen sollen das »die Reichen«. Und bis die Fantasie vom allumfassenden Versorgungsstaat Wirklichkeit wird, laufen jedenfalls die Männer schon mal in Spielhosen herum.

VERTAUSCHTE
GESCHLECHTSROLLEN

Ein Gender-gerechter Dialog zwischen zwei Sieben-jährigen, einem Jungen und einem Mädchen, nach der Schule, hinten im Auto.

Der Junge: »Wusstest Du, dass aus Löwenzahn Puste-blumen werden?«

Das Mädchen: »Wusstest Du, dass im 1. Weltkrieg zum ersten Mal Giftgas zum Einsatz kam?«

Die Bürgersteig-Hocker

Immer wieder hocken sich in den Städten erwachsene Leute auf den Rinnstein bzw. auf das, was man einst den »Bürgersteig« nannte. Wartende Kunden hocken ungeniert vor dem Geschäft auf dem Pflaster. Eltern hocken auf dem Bürgersteig und sind stolz darauf, dass ihr Kind ein langes, schrilles »Iiiiiiiiiiiiiiiiiiiiiiiiiii« ausstößt. Und zwei Frauen unterhalten sich auf dem Bürgersteig hockend. Die eine hat einen Zeichenblock neben sich auf dem Pflaster ausgebreitet. Dabei hat die Stadt überall Bänke aufgestellt. Aber nein, die Leute sitzen auf dem Pflaster.

Entweder steht dahinter eine politische Botschaft: demonstrativer Verzicht auf Luxus. Schließlich hat auch Gandhi stets auf dem Boden gesessen. Oder es gibt da noch etwas Anderes: Da hocken Mütter und Väter auf dem Pflaster und malen mit farbigen Kreiden. An der Oberfläche sieht das so aus als würden die Eltern ihren Kindern etwas beibringen. Aber die Eltern beachten ihre Kinder gar nicht. Sie sind selbst wieder Kinder geworden. Ihre Kinder stehen verblüfft dabei.

INFANTILE ELTERN

Ein junges Paar auf dem Kinderspielplatz. Die Eltern schaukeln, auf zwei Schaukeln nebeneinander. Der Mann hat das Baby auf dem Schoß. Die jungen Eltern albern beim Schaukeln nicht herum, um das Baby zu amüsieren. Sie beachten es nicht. Sie schaukeln ernst und jeweils in sich versunken, fast nachdenklich. Sie sind modebewusst gekleidet. In den Modeanzeigen der Illustrierten stehen seit den 00er Jahren erwachsene Models stets da wie kleine Mädchen, die Füße nach innen gestellt, so als seien sie noch unbeholfene Kinder. Also gehört es heute zum Lifestyle, dass junge Eltern, wenn sie im Trend sein wollen, auch auf Kinderschaukeln schaukeln.

Ein anderes Paar auf einer – für Kinder bestimmten – Korbschaukel. Der Mann liegt in dem Korb und lässt sich schaukeln, von der Frau, die über ihm auf dem Korb steht und die Schaukel in Bewegung bringt. Seitlich am Korb versucht verzweifelt die kleine Tochter, auch auf die Schaukel zu gelangen.

(Über die »infantile Gesellschaft« s. Kissler 2020)

WER NERVT MEHR?

»Es ist kein Wunder, dass die Kinder alle so nervig sind, wo doch die Eltern alle so nervig sind.« (Das Känguru in: Kling, 2. Bd.: 143)

IM FALSCHEN KÖRPER

In den Werbespots von Haribo im Fernsehen halten Erwachsene die eigentlich für Kinder bestimmten Haribo-Tüten in der Hand, und sie reden darüber, welche Haribos sie am liebsten haben. Aber sie sprechen nicht wie Erwachsene, sondern ihnen sind kindliche Stimmen untergelegt, so als steckten in den erwachsenen Körpern Vierjährige. – Unheimlich.

Haribos gibt es immer und überall. Aber was wäre, wenn diese im falschen Körper steckenden Kinder nicht genug mit Haribos versorgt würden, was würden sie dann tun? Sie würden tun, was kleine Kinder tun, wenn sie etwas nicht kriegen: fürchterlich brüllen und um sich schlagen.

Selbstbehauptung in Plateau Sneakers

Im Sommer sind bei Frauen wie Männern riesige weiße Turnschuhe (Plateau-Sneaker) in Mode. Traditionell angezogene Frauen und Männer, Frauen in Miniröcken, Männer in kurzen Hosen: Sie alle tragen diese klobigen Dinger. – Warum?

Die riesigen weißen Turnschuhe sagen: Da schreitet jemand, der sich zu behaupten weiß! Damit wirkt jeder Schritt, als schreite ein gewaltiger Tyrannosaurus Rex daher und als würde bei jedem Schritt dieses gigantisch starken Lebewesens die Erde beben.

DER AKTIVIST

Der Aktivist hat diesen unwiderstehlichen Habitus des von weit her Kommenden, soeben Gelandeten. Eines Gesandten. So als hätte ihn der Allmächtige – oder ein Zentralkomitee von Allmächtigen – in die Welt geschickt. Einmal gelandet, zeigt er sogleich mit dem Zeigefinger auf die Unterdrückungen dieser Welt und deren Opfer: Die Unterdrückten seien verblendet und müssen von ihrer Verblendung befreit werden. Dazu gelte es, Hebel anzusetzen, Knautschzonen herauszufinden, Konfliktzonen, Unzufriedenheiten, Kampfpotentiale, um dann Konflikte zu entfachen und gezielte Maßnahmen zu ergreifen.

Und Staatsknete locker zu machen.

DIE KOLLEKTIVE
ÖFFENTLICHKEIT

Die Struktur der kollektiven Öffentlichkeit entwickelt sich in fünf Schritten:

Erster Schritt: Die Aktivisten machen Aktionen. Daraufhin erkennen die unterdrückten Klassen, Geschlechter (Frauen etc.) ihre Unterdrückung und ärgern sich erst einmal fürchterlich.

Zweiter Schritt: Die Unterdrückten werden sich ihrer objektiven Bedürfnisse bewusst und machen jene zu ihren subjektiven.

Dritter Schritt: Zusammen mit allen anderen fortschrittlichen Kräften kämpfen sie dafür, dass den Reichen ihr Geld abgenommen und überhaupt das ganze Privateigentum abgeschafft wird.

Vierter Schritt: Mit der Abschaffung des Privateigentums erfolgt die Abschaffung der Familien und des privatistischen Herumhockens. Die privatistischen Fixierungen werden aufgebrochen. In den Innenstädten parken jetzt keine Autos mehr, sondern die Innenstädte sind Begegnungszonen, möbliert mit hölzernen Begegnungsmodulen, vor allem mit Stehtischen, an denen auch unbekannte Personen gute Sichtbeziehungen zueinander haben und ihre Bierflaschen abstellen können.

Aus den Medien wird die Personalisierung gesellschaftlicher Tatbestände eliminiert: all der *nebensächliche* Klatsch und Tratsch über Königshäuser, Filmstars und Politiker-Gattinnen. Vom Politbüro in Brüssel wird das Karnivoriertum, die Fleischfresserei, abgeschafft. Natürlich bleibt auch weiterhin das Rauchen streng verboten. Und auf den Weinflaschen steht jetzt: »Alkohol tötet Menschen!« Die Fassaden der alten Rathäuser, Parlamente und Banken werden abgerissen, weil diese Herrschaftsarchitektur einen strukturellen Imperialismus, Rassismus und das Machogehabe weißer alter Männer verkörpert. Wenn Einzelpersonen mehr als 60 Quadratmeter bewohnen, werden Geflüchtete bei ihnen einquartiert. Schließlich werden auch aggressive Ballspiele, bei denen Bälle – ob aus Leder oder Naturfasern – *mit Füßen getreten* werden, als archaisch-primitiv verboten.

Letzter Schritt: Die Menschen, die nun kollektiv-solidarisch organisiert sind – schließlich ist das Kollektiv intelligenter als der Einzelne –, befinden sich ständig unterwegs in politischer Aktion. Sie verweilen nie länger als eine Stunde auf einer Versammlung, dann müssen sie zur nächsten. Die kostenlosen Verkehrsmittel werden für die Zwecke der politischen Mobilität entscheidend verbessert. Sie werden schneller und können mehr Menschen fassen. Sie halten nur noch an den gerade politisch aktuellen Zentren, an denen NGOs, Blogger und Influencer dazu aufrufen, sich hinter Fahnen und Transparenten zu versammeln und »Sprengt die Ketten« zu rufen. Dabei machen sie Selfies, die sie sofort an ihre Follower senden.

Die Kunst hat jetzt ausschließlich die Funktion, den Menschen das richtige Bewusstsein zu vermitteln. In den Museen hängen jetzt großformatige Bilder marschierender Massen mit Transparenten. Auch die legendäre Conchita Wurst ist im Museum zu sehen. Darüber hängt das Transparent: ›We are unstoppable!‹ Dürers betende Hände wurden in den Museumskeller verbannt. An deren Stelle zeigt jetzt ein Bild die gefalteten Hände einer alten Erbsenschotenpflückerin; zwischen ihren gefalteten Händen hält sie Erbsenschoten, diese reinen Produkte der Schöpfung.

Die derart mobilisierten Menschen tragen eine praktische Kleidung, zu der selbstverständlich Turnschuhe und ein Rucksack gehören. Die Männer tragen schwarze T-Shirts und kurze Hosen. Auch Politiker tragen jetzt kurze Hosen, Anzüge sind endgültig verschwunden, Krawatten sowieso. Die Frauen tragen praktische Leinenkleider, die man auf Reisen auch als Nachthemden verwenden kann. Die älteren Frauen färben ihre grauen Haare nicht. Die jungen Frauen färben sich ihre Haare grau.

NACHHALTIG TANKEN

In 10 Jahren gibt es nur noch Elektroautos, und sie befördern meistens Fahrgemeinschaften, weil das die Umwelt schont. An den Tankstellen werden nur noch Batterien aufgeladen. Das dauert ca. drei Stunden, bei Windstille länger. Deshalb hat jede Tankstelle eine vom Staat bezahlte Halle.

Die Fahrgemeinschaften versammeln sich zwischen Berlin und München gern in der Walter Steinmeier-Halle. Die Halle hat mehrere Großräume. In einem sprechen auf dem Podium vom Staat bezahlte Aktivisten über den Rassismus und über die Unverantwortlichkeit des Fleisch-Verschlingens. Vom Staat bezahlte Aktivistinnen sprechen über die Wissensanmaßung der weißen alten Männer. Die Wartenden tragen Alltagskleidung. Sie ist schwarz. Alle tragen Kapuzen. Alle gehen und sitzen gebeugt und haben ihre Blicke nach unten gerichtet, das signalisiert dass sie in kollektiver Scham die Erbsünden der Menschheit auf sich nehmen: die Kreuzzüge und die Einführung der Plastiktüte. In einem anderen Teil der Halle verbringen fröhliche Vegetarier die drei Stunden Aufladezeit mit gemeinsamem Kochen und dem Singen von Kirchenliedern. Zum Schluss stellen sie Kerzen in die Fenster, zum Gedenken

an die vielen Opfer der vielen Explosionen von Eletro-
auto-Batterien.

Dann freuen sich alle auf die nach 250 Kilometern
zwecks erneuten Aufladens fällige Angela Merkel-Halle.
Dort tritt nämlich als bewegtes Hologramm die UNO-
Ehrenbürgerin Greta auf, so realistisch, als sei sie wirklich anwesend – fantastisch! Nie war das Autofahren
so attraktiv!

GUTE WAHLEN
IM JAHR 2037

Die Menschheit gibt es 2037 immer noch, obwohl zwanzig Jahre zuvor die »Rettet die Welt«-Bewegung deren Untergang für das Jahr 2030 prognostiziert hatte, wegen einer gewaltigen Erderhitzung. Aber die Wahlen haben sich verändert. Die Bundestagswahlen finden jetzt nur noch alle 8 Jahre statt. Das war 2025 nach schmerzvollem Ringen von der »Sensiblen Einheitskoalition Deutschlands« (SED) – von Grünen, CDU/CSU, Der Linken und SPD beschlossen worden. Mit dem Argument, es sei im Interesse späterer Generationen, dass die Regierenden nicht so viel beim Regieren gestört werden dürfen.

Im Jahr 2037 geht man bei Wahlen nicht mehr in ein Wahllokal, das ist dank der Digitalisierung nicht mehr nötig. Da inzwischen die Technik der DNA-Erkennung – anhand des Schweißes der Hand – in jedem Supersmartphone eingebaut ist, können die Wählerinnen und Wähler zu Hause wählen. Die Computer haben ohnehin alle Daten, denn die Leute teilen einander und auch ihrer personalisierten Cloud ununterbrochen mit, was sie denken und fühlen. Außerdem speichern die Computer über Spracherkennungs-Module die wichtigsten Wörter aus den E-Mails, Telefongesprächen und Alexas. Die Computer errechnen für jede Wählerin und jeden Wähler punktgenau deren persönlichen politischen Willen. Bei den Wahlen braucht man auf dem Bildschirm des eigenen Supersmartphones nur noch zustimmend einen Knopf zu berühren. Natürlich kann man auch nicht zustimmen, und selbst seine Wahl treffen, aber der Computer trifft den Willen jedes Einzelnen so punktgenau, dass alle dem Wahlvorschlag ihres Supersmartphones geschmeichelt zustimmen. Das ist auch deshalb praktisch, weil der Computer automatisch berücksichtigt, dass die Wahlen inzwischen nicht mehr ganz so frei sind, denn die Länderparlamente und der Bundestag hatten auf einheitliches Betreiben von Grün-Schwarz-Rot-Rot beschlossen, dass Wähler, Wählerinnen etc. Quoten zu beachten haben: Frauen-Quoten, Migranten-Quoten, Transsexuellen-Quoten, Quoten für Jugendliche etc. Früher hatte das Wort »Gerechtigkeit« dafür gestanden, dass Jede und Jeder die Chance erhält, sich für einen gewünschten Posten zu qualifizieren und jenen durch Anstrengung auch zu erreichen. 2037 bedeutet »Gerechtigkeit«, dass Jeder, Jede etc. überall in Wirtschaft, Politik, Gesellschaft so repräsentiert sein muss wie seine/ihre etc. Kategorie, der er/ sie etc. zugehört, im Gesamtsystem repräsentiert ist.

Es ist auch möglich, am Wahltag ins Gute Wahl Center zu gehen. Dort blickt man in die Gesichtserkennungs-Kamera, sieht sich den vom Computer errechneten eigenen Wählerwillen an und berührt auf dem Bildschirm feierlich den Zustimmungs-Knopf. Dann

erscheint der Wählerin / dem Wähler als bewegtes Hologramm in Lebensgröße der*die zu ihr*ihm passende
Bundespräsident*in. Im Jahr 2037 gibt es nämlich in der
Bundesrepublik Deutschland eine präsidiale Mehrfach-
spitze: den Bundespräsidenten; die Bundespräsidentin;
den*die transsexuelle*n Bundespräsident*in; außerdem
den Geflüchteten Bundespräsidenten, den Afroeuropäischen Bundespräsidenten und das Bundespräsidiale
Kind. Was das Geschlecht des Geflüchteten Bundespräsidenten, des Afroeuropäischen Bundespräsidenten und
des Bundespräsidialen Kindes betrifft, so hat der Bund
der Steuerzahler durchgesetzt, dass deren Geschlecht
jeweils im Turnus wechselt.

Der*die jeweilige virtuelle Bundespräsident*in
nennt die Person, die gerade durch Knopfdruck gewählt
hat, beim Namen und spricht einige Worte, die punktgenau auf das kategoriale Persönlichkeitsprofil dieser
Person ausgerichtet sind. Zum Schluss mahnt der*die
Bundespräsident*in, dass man in das gleich gegenüber
liegende gute Therapie-Center gehen soll, wenn man
Hassgefühle verspürt.

WENIGER UNTERHALTSAME STÜCKE

Strukturelle Ursachen der idealistischen Hypes

»Doch meine ich, wir sollten den Zweifel höher
setzen als jede Doktrin, die Würde des einzelnen
höher als jedes ihn zur Botmäßigkeit zwingende
Verlangen von Staat oder Partei«
Willy Brandt: Links und frei ([1982] 2012: 440)

»HINTERGRUND« – DER SOZIOLOGISCHE BLICK HINTER DIE KULISSEN

Gesellschaftliche Sitten und Gebräuche bedürfen der Erklärung.

Beispiel:

Wenn jetzt die Tiere immer »essen«; wenn das daran liegt, dass die Menschen immer mehr zu Raubtieren werden und, damit das nicht zu deutlich wird, jetzt die Tiere von den Menschen »vermenschlicht« werden – welche strukturellen Hintergründe sind es, die die Menschen zunehmend zu Raubtieren machen?

Leider sind soziologische Hintergrund-Analysen wenig unterhaltsam – jedenfalls auf den ersten Blick. Auf den zweiten Blick jedoch ist das so spannend wie ein Krimi von Agatha Christie. Weil es auch dabei darum geht, hinter den Kulissen die realen Ursachen der Tatbestände herauszufinden.

»VERTRAUEN« –
DIE WICHTIGSTE WÄHRUNG
IN DER POLITIK?

Überall finden Tauschgeschäfte statt, und fast überall wird mittels Geld getauscht. Angeblich findet auch in der Politik ein Tauschgeschaft zwischen Politikern und Wählern statt, und auch das mittels einer Art Währung: Vor ca. 50 Jahren behauptete der Soziologe Talcott Parsons, dass »Vertrauen« die entscheidende Währung in der Politik sei. Parsons sah den in der repräsentativen Demokratie stattfindenden Tauschvorgang so: Die Wählerinnen und Wähler bringen den Politikern ein allgemeines, »generalisiertes« Vertrauen entgegen, und dafür erhalten sie »effektive Führung«. (s. Parsons 1972) – Faktisch heißt das: Die Wählerinnen und Wähler denken nicht an das imperative Mandat, und sie wollen auch keine Volksabstimmungen wie in der Schweiz. Sie geben Ruhe bis zur nächsten Wahl, und dafür erhalten sie das Funktionieren der gesellschaftlichen Ordnung.

Das Modell war schon damals ideologisch. Seitens mündiger Bürger ist kein pauschales Vertrauen gegenüber den Politikern und dem Parlament angebracht, sondern eher ein ständiges Misstrauen. Das Parlament und auch die Exekutive müssen von der Öffentlichkeit der Medien aufmerksam begleitet werden und auch von der Gerichtsbarkeit.

Heute hat jedoch ein großer Teil der Politik genau diesen *ideologischen* Anspruch, dass die Wählerinnen und Wähler der Politik *pauschal* zu vertrauen haben. In Deutschland fördern die regierenden Parteien illegale Einreisen von Personen, die keine Ausbildung, keine Deutschkenntnisse und keine Arbeit haben. Und die regierenden Parteien setzten eine gigantisch teure und unsichere Energiepolitik (»Klimapolitik«) durch – und hierbei haben sie genau diesen von Parsons thematisierten Anspruch: Die Wählerinnen und Wähler sollen diese Politik gefälligst für »effektive Führung« halten und ihr ein allgemeines Vertrauen entgegenbringen. Das jedenfalls war der Subtext, als die Kanzlerin ihre Politik des Willkommens gegenüber Hunderttausenden von illegal ohne Visum und ohne Arbeitserlaubnis Eingereisten mit dem Mantra »Wir schaffen das« krönte.

SOCIAL MEDIA –
LAGERBILDUNG UND
ZUGEHÖRIGKEITSTICKETS

Heute sind die Social media das neue strukturelle Umfeld der Gesellschaft und der Politik. Dort kann jede Subkultur oder auch Fankultur oder auch jeder geschickt provokative Influencer Followers sammeln und damit Geld verdienen. Oder dafür sorgen, dass Leute sich spontan öffentlich versammeln. Natürlich ist das im Rahmen der Meinungsfreiheit legitim. – Aber mittels der Social media können Subkulturen und Fankulturen – und gewiefte Politikerinnen und Politiker – auch irrationalistische Schlagwörter, Phrasen, Mantras entwickeln. Manche nennen das, was da geschaffen wird, auch »Stimmungsbilder«. Heute spielen viele Anbieter aus allen politischen Lagern in den Social media dieses Spiel: irrationale, demagogische, propagandistische Begriffe und Floskeln als Imperative zu verbreiten, mittels derer gesellschaftliche und politische Lager gebildet werden. Wenn das gelingt, werden aus den lancierten Begriffen so etwas wie Zugehörigkeitstickets oder auch Ausgrenzungs-Schranken. Deren bloße Nennung schafft eine Lagerbildung. Die seltsamen Debatten darüber, ob man »Zigeunerschnitzel« oder »Indianerhäuptling« sagen darf oder ob Apotheken sich »Mohren-Apotheke« nennen dürfen, werden heute deshalb so heftig geführt, weil die beteiligten Gruppen daran arbeiten, das Wort »Rassismus« als Ausgrenzungsschranke zu etablieren. Ein anderer Topos, der Lagerbildung plus Ausgrenzungen schafft, ist auch der Begriff der »Gerechtigkeit«. Damit kann man alles idealisieren – und übrigens auch jeden miesen Krieg zu einem »gerechten Krieg« erklären.

Aber das alles sind nicht nur Kämpfe um politisch korrekte Wörter. Das sind Kämpfe um Staatsgelder, Quoten, Posten und Privilegien.

»IDENTITY«, »DIVERSITY« – NGO-KÄMPFE UM STAATSGELDER, QUOTEN, POSTEN

In den öffentlichen Umverteilungskämpfen verlangen die »Aktivisten« der NGOs, dass Staatsgelder und Posten nicht aufgrund von Qualifikationen vergeben werden, sondern aufgrund der Zugehörigkeit zu einer Kategorie mit Opferstatus: »Geflüchteter«; »Migrant«, nichtweiße Hautfarbe; Geschlecht; LGBTIQ-Sexualität etc. (LGBTIQ = lesbian, gay, bisexual, transsexual, intersexual, queer.) Ein gewaltiger Zuwachs an Bürokratie ist so vorprogrammiert. Einer Bürokratie, die nicht fachbezogen ausgebildet ist, sondern bloß zur Repräsentanz von Status-Proporz.

»NGOs« – das sind die Nongovernment Organizations: teils supranational, teils national agierende Organisationen, Naturschutz- und Klimaschutz-Verbände; Verbände, die die Migrationspolitik der Bundesregierung unterstützen; »antikapitalistische« Verbände, Verbände für die Überwachung von Umweltschutz, denen Gesetze es erlauben bei »Umweltsündern« Strafzahlungen einzuziehen – und zu behalten. Der Begriff »Nichtregierungsorganisation« ist insofern falsch, als es die Regierungen oder die EU-Kommission oder die UNO sind, die die NGOs finanzieren, aus Steuergeldern. 2018 gab allein die deutsche Bundesregierung 15,5 Milliarden

Euro für die Förderung von Vereinen, Stiftungen und Privatfirmen aus. (s. Neuhof 2019, 2.10.) – Und zu den NGOs gehören auch die Kirchen. Die NGOs behaupten, sie seien »die Zivilgesellschaft«. Das ist falsch. Eine Zivilgesellschaft besteht nicht aus privaten Verbänden, die am Staatstropf hängen und mittels Spendengeldern Millionen verdienen, die von Steuern befreit sind. Eine Zivilgesellschaft besteht auch nicht aus Verbänden, die über Andere, die nicht ihrer Meinung sind, die unverschämtesten Feindbilder entwickeln. Eine Zivilgesellschaft wird durch Institutionen konstituiert, die die Bürgerrechte realisieren: freie Wahlen; unabhängige Parlamente; unabhängige Rechtsprechung; Rechte auf Sozialleistungen und Allgemeinwohl-Leistungen; Meinungsfreiheit und überhaupt die Freiheit des Individuums.

»Identität«, »Vielfalt« – solange man darunter Freiheit und Toleranz versteht, ist das eine gute Sache. Jeder soll nach seiner Façon selig werden. – Wenn man jedoch darunter lediglich die Zugehörigkeit des Individuums zu einer Kategorie versteht, also Identität auf *kategoriale* Identität bzw. Diversität auf *kategoriale* Diversität reduziert, ist das eine kategoriale Reduktion. Was hier »kategoriale Reduktion« genannt wird, nennt die Migrationsforscherin Sandra Kostner »identitätslinke Läuterungsagenda«. Sie schreibt:

»Die mit diesem Konzept einhergehende Kultivierung von Schuld- und Opferidentitäten verringert die soziale Durchlässigkeit der Gesellschaft und greift ihren liberalen Kern an, indem sie das Prinzip der gleichen Freiheit für Individuen der Vision einer absoluten Gleichheit von Gruppenidentitäten opfert. [...] Einzig und allein das Merkmal, das die Identitätslinken zur Aufteilung von Menschen in Opfer- und Schuldgruppen heranziehen, bestimmt nunmehr, wer Ansprüche an die Gesellschaft stellen darf und wer diese zu erfüllen hat.« (2019: 31)

Das ist insofern richtig, als damit die Scheinheiligkeit derer thematisiert wird, die so tun, als wollten (und könnten) sie alle Opfer dieser Welt retten und damit die »Schuld« der Menschheit auf sich nehmen. – Eine »identitätslinke« Bewegung war und ist das jedoch nicht. Die »Willkommenskultur« ab 2015 hatte mit »links« nichts zu tun. Das war und ist eine Bewegung von NGOs und von idealistisch gestimmten Gruppierungen im kirchlichen und kulturellen Bereich. Eine Bewegung, die sich quasireligiös-idealistisch legitimiert und faktisch der Logik der Klientelpolitik folgt.

DIE WELTKONKURRENZ
DER STAATEN UND
DIE HOCHQUALIFIKATION

Es geht hier in diesen »weniger unterhaltsamen Stücken« darum, die idealistische Umdeutung der Welt, wie sie in der Politik und bis in den Alltag hinein stattfindet, zu erklären. Dass Regierungen die kategoriale Reduktion, deren Opfer-Mythen, deren abstrakte Gleichheits-Ideologie – also die Identity- und Diversity-Ideologie – mitmachen, liegt nicht zuletzt auch an weiteren Hintergrund-Strukturen: an der Weltwirtschaft und der Tatsache, dass die Staaten und die Konzerne in deren Rahmen harte Konkurrenzkämpfe bestehen müssen: Kämpfe um die technisch Begabten und Hochqualifizierten – und die Pokerspiele, die in der Weltwirtschaft, in der Waren-Produktion, beim Export/Import und in der Welt-Finanzwirtschaft gespielt werden.

Über den weltweiten Wirtschafts-Wettkampf der Staaten schreibt der Soziologe Gunnar Heinsohn:

»Die Innovationen der Zukunft werden kaum mehr von Begabten, sondern fast nur noch von Hochbegabten kommen. Die aber lassen sich nicht durch rechtliche oder pädagogische Reformen gewinnen. Entweder hat man sie und hält sie auch oder man gewinnt sie im globalen Wettkampf um die Klugen. Wer dabei scheitert, ist verloren.« (2019: 47)

Heinsohn sieht vor allem einen Faktor als entscheidend an: »Cognitive Ability (CA)« und damit Talent, Begabung, vermittelt durch Schulbildung – wobei bei Heinsohns Daten vor allem die mathematische und technische Ausbildung im Vordergrund steht. Heute werden die wenigen mathematisch und technisch Hochbegabten in den USA und in Europa durch die vielen Hochbegabten in Ostasien »geschlagen«, vor allem in Japan, Südkorea und zunehmend auch in China. Als Indikator hierfür können zum Beispiel Patentanmeldungen gelten. Heinsohn:

»Ein US-Könner konkurriert [...] mit zwölf mindestens so gescheiten Ostasiaten. Wie schwer das für diesen Hochqualifizierten wird, zeigt sich 2019, als allein die drei führenden Ostasiaten bei den hochkarätigen PCT-Patentanmeldungen, bei denen sie 1994 nur ein Sechstel der amerikanischen Leistung schaffen, die USA [im Jahr 2019] mit 131.000 [Ostasiaten] zu 58.000 [USA] schlagen. Zwischen Patagonien und dem Rio Grande sind es allerdings nur 2.500. Fünfzig Millionen Südkoreaner schaff[t]en fast achtmal mehr als die demografisch dreizehn mal so starken Lateinamerikaner.« (2020a: 3, [ ] hinzugefügt)

(PCT = Patent Cooperation Treaty; Vertrag über die internationale Zusammenarbeit auf dem Gebiet des Patentwesens.)

Dazu kommt als entscheidender Faktor das Eigentumsrecht, also die Institutionalisierung und Sicherung des Privateigentums. Es ist wichtig zwecks Absicherung und Pfand bei Krediten und Investitionen. Außerdem kommt dazu auch die Planung und Einrichtung von Infrastrukturen für neue industrielle Produktionen und von Verkehrs-Infrastrukturen etc. (s. Heinsohn 2019: 49 ff.) Und last not least ist auch die Geburtenrate entscheidend. Kein Bevölkerungswachstum bedeutet auch: zu wenig hochbegabtes Personal. (s. a. a. O.: 46 ff.) Heinsohn weist darauf hin, dass in den USA und in Europa der Mangel an hochqualifiziertem Personal nicht leicht zu beheben ist:

»Für das Zurückholen der 3,7 Millionen an China verlorenen Arbeitsplätze hat man schlichtweg nicht die Könner. Man ähnelt Deutschland, das seine Kamera-, Telefon- und Computer-Branchen ja ebenfalls unwiederbringlich an Ostasien verloren hat. Das Steigern oder auch nur Stabilisieren von Cognitive Ability ist ungleich schwieriger als etwa das Beenden von Kriegen.« (2020a: 5)

Die Untalentiertesten, »Nachhinkenden«, kommen aus Afrika, Arabien, Lateinamerika und der Türkei. Die »Dynamik dahinter« ist dort die Dynamik der Geburtenrate und damit das Problem des »Youth bulge«, d. h. des Überhangs, der sich aus fünf bis sechs Kindern im Leben der Afrikanerinnen, Araberinnen, Lateinamerikanerinnen ergibt. Während eine höhere Geburtenrate in den Staaten der Hochqualifizierten mehr Hochqualifizierte bedeuten würde, bedeutet die erhöhte Geburtenrate in den Staaten der Niedrigqualifizierten nur eins: mehr junge Leute als Kanonenfutter. Mozambique zum Beispiel hatte 1940 fünf Millionen Einwohner, und 2050 will der Staat, so schreibt Heinsohn, »mit 65 Millionen Menschen prunken und dann fast sechs Millionen Männer zwischen 20 und 29 Jahren in allfällige Schlachten schicken können.« (2020b: 1)

6 Millionen Krieger allein in bzw. aus Mozambique – wie viele dieser Männer illegal in der EU landen werden, ist nicht absehbar.

Das grosse
Welt-Pokerspiel

Abgesehen vom technischen Qualifikations-Wettlauf besteht der weltweite Wettbewerb in einem permanenten Pokerspiel. Präsident Trump praktizierte Anfang 2017 bis Ende 2020 seine Politik des Deal-Makings, der bilateralen Verträge und des permanenten Twitterns – und das war ein Pokerspiel. Aber nicht nur er spielte, alle spielen Poker. Auch Deutschland mit seiner Migrations- und Klimapolitik ist ein Pokerspieler. Mit dem »Wir schaffen das« hat die Bundeskanzlerin in der Migrationspolitik ein Pokerface aufgesetzt. Und die deutsche Klimapolitik mit ihren Schnell-Entscheidungen zu Ungunsten der Atomindustrie, der Kohleindustrie, der Autoindustrie etc. ist ein Pokerspiel, mit dem gewaltige Risiken überspielt werden. Der Club of Rome und die von diesem Weltverein unterstützte Greta pokern mit der Propagierung apokalyptischer Klima-Szenarien. China pokert mit der Behauptung, es habe die Corona-Katastrophe im Griff. Das alles ist nicht einfach das, was man früher »Imagepflege« nannte. Bei Pokerspielen wird geblufft, Pokerfaces werden aufgesetzt. Die Spieler tun das, um für ihre Mitspieler und damit Gegner unkalkulierbar zu sein. Die Politiker und Politikerinnen spielen Pokerspiele nicht aus Jux und Tollerei. Sie tun

das, weil sie durch Bluffs einen Wert, einen Verkaufs-
wert zu steigern hoffen: zum Beispiel den Wert ihrer
jeweiligen Staatsanleihen; die Schwungkraft des Han-
dels mit CO_2-Zertifikaten; die Höhe von Subventionen
und Spendengeldern etc.

Der strukturelle Hintergrund des Ganzen besteht
in weltweiten oligopolistischen Marktstrukturen. Sie
konstituieren die Welt als Spielcasino. Man muss das
Deal-Making aus der Tatsache heraus verstehen, dass
im Rahmen oligopolistischer Marktstrukturen die
Akteure sich nicht mehr bis aufs Messer bekämpfen,
sondern dass sie dealen und pokern, was das Zeug hält.
Jeder CEO (»Central Executive Officer«), jeder Konzern-
Manager, zieht das Dealen einem ruinösen Konkurrenzkampf vor – aber im Rahmen des Deal-Makings
wird kräftig geblufft. Intensiviert ist das heute jedoch
im Rahmen der weltweit agierenden Finanzwirtschaft,
mit dem Hochfrequenzhandel. (s. Prokop 2014: 22 ff.)
Die Finanzexpertin Ulrike Herrmann kalkulierte den
Betrag, der jeden Tag als Spekulationsgeld um den Erd-
ball geht, auf täglich 4 Billionen (4.000 Mrd.) Dollar.
(2016: 204)

Mit ihren Strategien des Bluffens treibt die Finanzwirtschaft nicht zuletzt auch die Regierungen vor sich
her. Am besten hat das der ehemalige Mitherausgeber
der FAZ, Frank Schirrmacher ausgedrückt:

»In den Bunkern ihrer Verhandlungsräume muss
die politische Klasse fünf Schritte vorausplanen und die
nächsten zehn Schritte des Marktes voraussehen, der

wiederum die fünf Schritte der Regierungen voraussieht und ›eingepreist‹ hat. Regierungen reden nur noch taktisch mit ihren eigenen Öffentlichkeiten, sie übergehen Parlamente und Gesetze, sie müssen falsche Fährten legen und widersprüchliche Erwartungen hegen, unbegrenzte Geldmittel und einen langen Atem vortäuschen, Regulierungen ankündigen, durchsetzen oder verwerfen – alles nur, um im Rüstungswettlauf mit den Märkten den Gegenspieler zu verwirren, in die Irre zu führen oder zur Kooperation zu zwingen. Nur um nicht in die Falle zu laufen, sondern selbst eine zu stellen.« (2013: 168 f.)

MIT DEM ÖKO-POKERFACE
IN DER WELTPOLITIK
MITSPIELEN

Im weltweiten Konkurrenzkampf haben längst die Hochqualifizierten in Ostasien gesiegt, in Japan, Südkorea, China. Dagegen ist Deutschland, obwohl immer noch ein bedeutendes Exportland, ein Land der schlechter Qualifizierten. Aber es scheint so, als versuchte die deutsche Regierung – und auch die EU – mit der demonstrativen Betonung von »Humanität« und »Nachhaltigkeit« mit den Hochqualifizierten zu konkurrieren. Die Initiative hierzu ging nicht von Deutschland, sondern von der UNO aus: 1999 richtete sie unter Generalsekretär Kofi Annan den »Global Compact« ein. Darin geht es um informelle Verpflichtungen vor allem der supranationalen Konzerne, aber auch der Staaten, zur Einhaltung der Menschenrechte und der ökologischen Standards. Deutschland hat sich in Bezug auf Beides stark profiliert.

Fazit:

In der Weltkonkurrenz beim Handel, beim Export etc. gibt es nicht nur den Faktor der mathematisch-technischen Hochqualifikation, sondern auch diesen »kulturellen Faktor« – oder genauer: diesen Öko-Pokerface-Faktor. Wenn man bedenkt, dass auf den Weltmärkten in den Pokerspielen der Staaten und der großen supranationalen Konzerne nicht nur die technisch-mathematische Qualifikation der Mitarbeiter eine Rolle spielt, sondern auch das Öko-Pokerface des Staats oder Konzerns gegenüber Investoren und Konsumenten – dann erhält auch die demonstrativ humanitäre deutsche Migrationspolitik und die demonstrativ ökologistische deutsche Klimapolitik und auch von der Leyens »Green Deal« einen gewissen weltpolitischen Sinn: dem Vorrang der ostasiatischen Staaten mit einem gutmenschlichen Pokerface Paroli zu bieten.

Aber es ist klar, dass das ein Pokerspiel ist. Und dass das Humanitäre und die Klima-Betroffenheit bloß Pokerfaces der weniger Qualifizierten sind.

»GREEN DEAL« – ZERSTÖRUNG SYSTEMRELEVANTER INDUSTRIE

Das Öko-Pokerface verbirgt die Fragwürdigkeit des »ökologischen Umbaus«. Es ist erstaunlich, wie die deutsche Regierung an der Zerstörung der deutschen Autoindustrie arbeitet, an der doch die entscheidenden Arbeitsplätze in Deutschland hängen. Diese Zerstörung hat folgende Dimensionen, die der Wirtschaftswissenschaftler Hans-Werner Sinn so dargestellt hat (s. 2020: 115 ff.):

Erstens: Da ist zunächst die CO_2-Verordnung der EU vom Herbst 2018: Bis 2030 soll der CO_2-Ausstoß der Pkws unter 59 Gramm pro Kilometer gesenkt werden. Beim Diesel-Auto würde das bedeuten, dass ein Auto nur 2,2 Liter Diesel pro 100 Kilometer verbrauchen dürfte. Das geht nicht, und man wunderte sich seit Herbst 2018, wie Deutschland so etwas Verrücktes als EU-Vorgabe akzeptieren konnte.

Zweitens: Sinn weist darauf hin, dass hierbei mit einem Trick gearbeitet wird: Die EU-Kommission hat die 2,2 Liter-Vorgabe nicht für jedes einzelne Auto gesetzt, sondern für den Durchschnitt aller Pkws – und die Kommission ging davon aus, *dass bis 2030 zwei Drittel aller Autos Elektroautos sein werden!* Angeblich haben die keinen CO_2-Ausstoß, denn der für die Elektroautos erforderliche Strom wird aus Windrädern kommen – so die verrückte Annahme, verrückt, weil man so viele Windräder nicht installieren könnte wie E-Autos dann Strom benötigten.

Drittens: Bei diesen EU-Beschlüssen vom Herbst 2018 hat sich Frankreich gegen die Kanzlerin durchgesetzt. (Wieder einmal, so wie sich 2010 Sarkozy mit der Einführung der Transferunion durchsetzte, also mit dem ESM, dem Europäischen Stabilitätsmechanismus. s. Prokop 2015: 157 ff.) Hans-Werner Sinn schildert die französische Interessenlage so:

»Es ist ja bekannt, dass die E-Autos sehr stark von Frankreich unterstützt wurden. [...] Die Devise dort ist: Wir konnten mit den Verbrennungsmotoren nie gegen die Deutschen an, aber bei den E-Autos haben wir leicht Vorteile. Jetzt [nach der EU-Verordnung] müssen sie alle [also auch die Deutschen] E-Autos produzieren, und dann wird der Wettbewerb neu aufgerollt. Hinten anstellen, bitte! [...] und deswegen kommen diese scharfen Grenzwerte hier in Europa zustande.« (A.a.O.: 125, [ ] hinzugefügt)

Die Autoindustrie reagiert auf diese Attacke sehr moderat, denn sie möchte die staatlichen Subventionen für Elektroautos einstreichen. Und Benzinautos können ohnehin günstiger in China produziert werden. Aber es ist klar, dass die Regierung mit der Förderung der Elektroautos die deutsche Wirtschaft in eine Absatzkrise steuert.

Und die EU-Kommissionspräsidentin von der Leyen

verfolgt die alte Merkel-Strategie: Gutmenschliches, und sei es noch so schädlich für Industrie und Gesellschaft, schafft temporäre Mehrheiten. Von der Leyen muss auf das Europäische »Parlament« Rücksicht nehmen, in dem es ökologistische Mehrheiten gibt. Also macht die EU-Kommission rhetorisch und auch praktisch, was die EU-»Parlamentarier« sich so alles imaginieren. – Deshalb propagierte die EU-Kommissionspräsidentin die Idee, dass die EU Einfuhrzölle auf ökologistisch nicht akzeptable Waren (zu hoher CO_2-Fußabdruck) erheben solle. – Das geht aber in einem arbeitsteiligen Welt-Produktionssystem und Welthandelssystem gar nicht. Der ehemalige Hamburger Umweltsenator und Klimawissenschaftler Fritz Vahrenholt sagte das in einem Interview so:

»Aber Sie müssen sich das mal in einer arbeitsteiligen Gesellschaft, einer Weltgesellschaft, vorstellen. Ein Motor wird vielleicht in der Türkei gebaut, die Metallteile dafür werden in Indien gegossen, und das Erz kommt aus Chile oder Norwegen. Wie soll denn da ein konkreter CO_2-Input zugeordnet werden? Dafür braucht man ja eine Behörde so wie Gosplan, die Planungsbehörde im Sowjetkommunismus!« (2020: 45)

»WELT OHNE GRENZEN« –
EINREISE ALLER IN ALLE
SOZIALSYSTEME DER WELT

Es ist erstaunlich, wie stark die UNO in der Welt als Moraltheater agiert, statt sich auf die rationalen, vernünftigen Sachen zu konzentrieren – Weltsicherheit, Weltfrieden, Menschenrechte, Gesundheit etc. –, für die sie eingerichtet wurde. In der Migrationspolitik und der Klimapolitik befördert die UNO ungeniert Hypes und Hysterien. Sie arbeitet hierbei mit den demokratisch weder gewählten noch kontrollierten NGOs zusammen und übernimmt die Hypes und Hysterien, mittels derer die NGOs Millionen an staatlichen Förderungen und privaten Spenden verdienen.

Die UNO ist zwar eine höchst notwendige, aber keine demokratische Institution. Die UNO-Vollversammlung und der UNO-Sicherheitsrat sind kein »Weltparlament«; sie sind nicht von einer »Weltbevölkerung« gewählt. Zugleich hat die UNO jedoch die Legitimität einer Institution, die weltweit für eine gewisse Ordnung und Sicherheit sorgen kann. Dieser legitimatorische Nimbus ermöglicht es, dass auch demokratische Regierungen –

und auch NGOs – sich an die UNO wenden können, wenn sie etwas durchsetzen wollen, wofür sie bei der Bevölkerung in ihrem eigenen Staat keine Mehrheit finden. Man nennt das »Top down«-Politik. (s. Kelle 2015: 174 f.) Das gilt auch für die Projekte der Subvention von illegaler Migration auf Kosten der eigenen Bevölkerung und auch für den rigorosen »Klimaschutz« und damit die Bekämpfung von Kohlekraftwerken, Benzin-Autos etc. zu Gunsten von sehr teuren Windkraftanlagen, Solarpaneelen und Elektroautos. Man kann jeden Widerstand im Land umgehen, indem man sich an die UNO wendet und dort das Projekt mühelos durchbringt, nicht zuletzt weil dort die NGOs als Lobbyisten einflussreich sind. Dann, mit der Autorität der UNO im Rücken, kann man im eigenen Parlament – und die Europäer auch in der EU – die Sachen rasch und ohne viel Debatte durchsetzen.

Ein Teil der Bevölkerungen, der eher religiös gestimmte, wünscht sich emphatisch von den Welt-Institutionen eine *unbedingte* Berücksichtigung des »gemeinsamen Menschseins« *aller auf dem gesamten Globus*. Die UNO möchte das mittels einer »Welt ohne Grenzen« realisieren. Sie begann damit im Dezember 2018, mit ihrem in Marrakesch beschlossenen »Globalen Pakt für sichere, geordnete und reguläre Migration« (»Migrationspakt«).

Der »Migrationspakt« möchte, dass Alle – also nicht nur Flüchtlinge (d. h. politisch Verfolgte im Sinn der Genfer Flüchtlingskonvention) –, die an der Grenze eines Staats – oder der EU – das Wort »Asyl« oder auch nur »Migrant« sagen, willkommen geheißen werden – und sogleich Wohnung, Gesundheitsversorgung, Sozialleistungen, Kindergeld und Arbeit bzw. Arbeitslosengeld erhalten. Auf Wunsch der afrikanischen Staaten sollen *Geldüberweisungen von »Migranten« an ihre Heimatländer erleichtert werden.* Die europäischen Staaten, die das unterzeichnet haben, akzeptieren damit, dass die afrikanischen Staaten die illegale Migration nach Europa nicht verhindern werden. Im Gegenteil: Nigeria hatte bei den Verhandlungen sogar gefordert, dass heimgekehrte Migranten die Sozialleistungen, die sie in ihrem Gaststaat erhalten hatten, nach ihrer Rückkehr weiterhin erhalten sollten. Und Nigeria verlangte die Durchsetzung von Familienzusammenführungen überall. (s. FAZ 28.11.2018: 3) Die Europäer akzeptierten die von den Afrika-Staaten verlangten Lösungen – wie die Erleichterung von Geldüberweisungen – in der Hoffnung, dass die Afrikaner dann auch die Nicht-Asylberechtigten wieder zurücknehmen werden. Dass Papst Franziskus diese Art von »Weltpolitik« unterstützt, ist bekannt. (s. Gallina 2020: 48 ff.) Ebenso war Bundeskanzlerin Merkel mitsamt der Großen Koalition an diesem »Pakt« massiv beteiligt –, also an der Einladung aller arbeitslosen Personen bzw. aller Großfamilien dieser Welt in die Staaten mit Sozialleistungen. (s. Gutschker und Schuller 2019: 6. Zur deutschen Migrationspolitik s. auch Heinsohn 2019: 112 ff.)

Dieser UNO-Pakt ist rechtlich für die beteiligten

Staaten nicht verbindlich, er gilt nur moralisch. (Man nennt das »Soft Law«.) Deshalb sprechen die deutschen Verteidiger dieses »Migrationspakts« über dessen Vorteile nur im Konjunktiv: *Würden* alle Staaten dieser Welt sich an diesen Pakt halten, *würden* also auch andere Staaten, so wie das vorbildliche Deutschland, alle Migranten in ihr Land einladen, dann *würde* Deutschland entlastet. Im Klartext heißt das: Wäre der Rest der Welt so großartig wie »wir« Deutsche, wäre die Welt die beste aller Welten.

Abgelehnt wurde dieser von Deutschland so stark unterstützte Vertrag von den USA (Präsident Trump), Italien, Österreich, Ungarn, Polen, der Slowakei, Israel und Australien.

Faktisch ist dieser »Migrationspakt« nichts Anderes als eine Fortsetzung der vom Neoliberalismus-Marktradikalismus geprägten Freihandelsverträge wie z. B. des WTO-Vertrags, nach welchem jeder Staat einen anderen Staat verklagen kann, wenn er dem Allgemeinwohl dienende staatliche oder kommunale Einrichtungen fördert. Beim »Migrationspakt« der UNO richtet man sich nicht manifest gegen den Sozialstaat, aber man plündert ihn. Faktisch ist dieser »Migrationpakt« der UNO also eine Fortsetzung des neoliberalen-marktradikalen Hedonismus im Gewand des Altruismus.

»VERPFLICHTUNG ZUM UMWELTSCHUTZ« – ANGRIFF AUF DIE BÜRGERRECHTE

Die Regierung Macron strebte ebenfalls einen UNO-Pakt an, als Höhepunkt der Klima-Hysterie: den »Globalen Umweltpakt«.

Die Klimapolitik der UNO wird vom IPPC betrieben und von UNFCCC umgesetzt.

IPCC (Intergovernmental Panel on Climate Change), auch »Weltklimarat« genannt, ist eine 1988 gegründete gemeinsame Organisation der UNO und der Welt-Meteo-rologen-Organisation (WMO), mit Sitz in Genf. Das IPCC gibt einen jährlichen Klimabericht heraus, der dramatisch »Sonderbericht« genannt wird, so als sei man im Krieg. Dieser »Sonderbericht« wird viel beachtet, weil er auf einem »Konsens von zahlreichen Klima-forschern« in aller Welt beruht. (Über »epistemische Konsenspolitik«: s. Bogner 2021: 25 ff.)

Nach diesen »Sonderberichten« befindet sich die Welt mitten in der Katastrophe. – Nur sind diese »zahlreichen Klimaforscher« keine Fachwissenschaftler, sondern: Klima-Politiker; NGOs; »Institute«, die keine Forschung, sondern Lobbyarbeit und PR, Public Relations, betreiben; und auch noch einige Wissenschaftler, die sich ungeniert als Klima-Hysteriker profilieren. Das

IPCC ist eine »Kassandra-Gemeinde« (Vahrenholt und Lüning 2020: 25). Der »Weltklimarat« ist also eine recht unseriöse Institution.

UNFCCC (United Nations Framework Convention on Climate Change) ist eine »Rahmenkonvention« der UNO, die 1992 beim »Erdgipfel« in Rio de Janeiro von den versammelten Staaten unterzeichnet wurde. Auch in dieser Organisation spielen die NGOs eine entscheidende Rolle. UNFCCC hat ihr Sekretariat im UN-Campus in Bonn. Delegierte der 197 Vertragsstaaten dieser Konvention von Rio treffen sich jährlich zu UN-Klimakonferenzen, die sich »Weltklimagipfel« nennen. Auf diesen Konferenzen agieren zunächst die Staatschefs. Wenn diese abgereist sind, verhandeln Regierungsvertreter weiter. Anwesend sind auch jeweils Hunderte Vertreter von NGOs, mit denen sich die Regierungsvertreter beraten. Diese »Weltklimagipfel« sind keine wissenschaftlichen Tagungen. Es geht um Politik. Die Südstaaten der Erde klagen die Nordstaaten an: Jene seien die Verursacher all der Wetterkatastrophen im Süden. Und es geht um Geld: Die Nordstaaten sollen zahlen. Alle Regierungsvertreter reden unendlich viele Phrasen in die Fernsehkameras. Zu diesen »Weltgipfeln« gehörte auch die Konferenz von Paris vom Dezember 2015. Dieser »Weltklimagipfel« beschloss am 12. 12. 2015 das Pariser Klimaabkommen: die Begrenzung der Erderwärmung auf unter 2 Grad Celsius, möglichst 1,5 Grad Celsius im Vergleich zu »vorindustriellen« Levels.

Dabei wird ignoriert, dass es zuvor viele Klimawechsel gab: Zur Zeit der Römer gab es die Römische Warmzeit (250 v.u.Z – 400 u.Z.); in der Völkerwanderungszeit gab es eine Kältephase (500 u.Z.); später kam die Mittelalterliche Wärmeperiode (800–1300), danach die Kleine Eiszeit (1300–1850), und danach entwickelte sich allmählich wieder eine Wärmeperiode (+0,2 Grad Celsius pro Jahrzehnt). Allerdings kam die Erderwärmung 2000–2014 wieder zum Stillstand. (s. Vahrenholt und Lüning 2020: 34 ff.; 52 ff., 60 ff.)

Über die Ursachen der Klimaveränderungen, die keineswegs linear in eine »Erderhitzung« führen, streiten sich die *Fachwissenschaftler.* Die Veränderung der Sonnentätigkeit (»Sonnenwinde«) ist ein Faktor, ein anderer sind die zyklischen Veränderungen der Meerestemperatur (»Ozeanzyklen«). *Luftverschmutzung ist kein relevanter Faktor.* (s.a.a.O.: 76 f.)

Die Pariser Klimakonferenz von 2015 setzte jedoch auf die Luftverschmutzung als Welturache von Klimaveränderungen, mir fatalen Folgen: Für die »Begrenzung der Erderwärmung« müssen, so beschlossen die Delegierten in Paris, die Treibhausgas-Emissionen auf der Welt zwischen 2045 und 2060 auf Null zurückgefahren werden. Danach sei das Zeitfenster geschlossen. Und: Die Verbrennung fossiler Energieträger (Kohle) müsse bis 2040 komplett eingestellt werden, d.h. die Versorgung mit Strom, Wärme und Verkehr müsse dann ausschließlich auf erneuerbare Energien (Wind, Sonne) umgestellt sein. – *Dass dies die Zerstörung von industriellen Kernbereichen und damit von Arbeitsplätzen betrifft, vor allem in der Automobilindustrie – das wurde schlicht ignoriert*, ebenso die Frage, ob Wind und Sonne überhaupt die erforderlichen Strom-Energien zur Verfügung stellen können! Das Abkommen wurde vor allem von Präsident Obama (Demokraten) und Bundeskanzlerin Merkel (CDU) vorangetrieben. Es wurde von den Kirchen in aller Welt und den NGOs (WWF, Club of Rome, Greenpeace, BUND, Deutscher Naturschutzring etc.) emphatisch begrüßt. Es trat nach der Ratifizierung durch mindestens 55 Staaten am 4.11.2016 in Kraft. Es ist völkerrechtlich verbindlich, aber das UNFCCC hat keine Sanktionsmöglichkeiten. Die USA traten unter Präsident Trump (Republikaner) aus und unter Präsident Biden (Demokrat) wieder bei.

An Macrons »Globalem Umweltpakt« arbeitete eine Juristengruppe seit 2017. Er sollte der UNO-Vollversammlung vorgelegt werden. In einem Vorentwurf von 2017 wurden Maßnahmen wie folgende angestrebt: das Verursacherprinzip (die Kosten für Prävention und Schadensbeseitigung zahlen die Verursacher) und das Recht auf eine ökologisch gesunde Umwelt (was immer das ist). »Jeder Staat oder jede internationale Institution, sowie jede natürliche oder juristische Person öffentlichen oder privaten Rechts« soll weltweit dazu verpflichtet werden, die Umwelt zu schützen. Hierbei soll das Vorsorgeprinzip gelten, also der Schutz der kommenden Generationen. (s. Internet, Achse des Guten, News-Redaktion 18.9.2019)

Im September 2017 hatte Präsident Macron diesen

Entwurf bei der UNO präsentiert, und im Mai 2018 verabschiedete die UNO-Vollversammlung eine zustimmende Resolution und beschloss eine Vorbereitungs-Arbeitsgruppe. Jene legte im Mai 2019 ihren Abschlussbericht vor. Der Plan kam nicht durch, er scheiterte daran, dass er, anders als der »Migrationspakt«, für die unterzeichnenden Staaten rechtsverbindlich sein sollte. Das wurde von den UNO-Mitgliedstaaten nicht unterstützt: Dass jeder Staat oder jede internationale Institution, sowie jede natürliche oder juristische Person öffentlichen oder privaten Rechts dazu verpflichtet werden sollte, die Umwelt zu schützen – dieser *Eingriff in die Souveränität, sogar in die Bürgerrechte,* ging den Staaten zu weit.

Wer garantiert jedoch, dass die UNO irgendwann den »Globalen Umweltpakt« nicht doch noch beschließen wird, und zwar zunächst als *rechtlich unverbindlichen* Moralpakt wie beim »Migrationspakt«? Zusätzlich zur Quasi-Religiosität der »Rettet die Welt«-Bewegung könnte dann ein autoritärer Ökologismus als eine Art neuer Weltreligion institutionalisiert werden.

Fazit:

Hier überschreitet also eine Welt-Institution, die doch die Rationalität des Gesellschaftsvertrags zu realisieren beansprucht, maßlos die Grenzen ihres rationalen Auftrags. Das führt die einst so wohlgemeinten Entwürfe einer neuen »Ethik der Weltbürgerlichkeit« wie sie Herbert G. Wells und Aldous Huxley zwischen den Weltkriegen entwickelten (s. Stuchtey 2020: 8) ad absurdum. Die Maßlosigkeit besteht darin, der Welt ohne alle demokratische Legitimation Moralverträge aufdrücken zu wollen, die in den Bereich des subjektiven Glaubens gehören.

(Kritik des Moralismus: s. Neuhäuser und Seidel 2020)

Wenn der »Globale Umweltpakt« der UNO dann doch noch beschlossen werden sollte, wäre das ein Weg zu einschneidenden Maßnahmen in den einzelnen Staaten. Nicht ohne Grund warnt der Wirtschaftsjournalist Günter Ederer:

»Passen Sie auf, wenn der Klimaschutz in der Verfassung verankert werden soll. Das wäre das Ende einer freiheitlichen Demokratie und der Beginn einer alles durchdringenden Ökodiktatur.« (2019: 24.9.: 3)

Ob Diktatur oder nicht, feststellen kann man bei den Moralpolitikerinnen und Moralpolitikern jetzt schon einen Kontrollwahn, eine autoritäre Übergriffigkeit in das persönliche Leben der Menschen; eine quasi-religiöse Intoleranz.

Wenn der Staat »unsere Nachlässigkeit« bekämpfen soll

»Im Zuge der Klimakrise sind wir auch unser eigener Feind, vor allem [ist unser eigener Feind] unsere Nachlässigkeit, uns selbst zu verpflichten und zu handeln.«,

schreiben Katja Meier und Till Steffen. (2021: 6, [ ] hinzugefügt) Sie sagen nicht, wer dieses »Wir« ist, das da selbst sein eigener Feind ist. Vermutlich meinen die Autoren die gesamte Menschheit, denn darunter tut es zu Beginn der 2020er Jahre kaum noch jemand. Meier und Steffen wollen »unsere« Nachlässigkeit eliminieren, indem sie das Grundgesetz ändern:

»Alles staatliche Handeln muss auf effektiven Klimaschutz eingeschworen werden.« (Ebd.)

Katja Meier (Die Grünen) ist sächsische Staatsministerin der Justiz, mit dem Zusatz: »und für Demokratie, Europa und Gleichstellung«. Till Steffen war Justizsenator in Hamburg und Mitglied der Hamburgischen Bürgerschaft (Die Grünen). Beide wollen die Staatsziele im Grundgesetz ändern. In Art. 20 Abs. 1 GG wird die Bundesrepublik als demokratischer und sozialer Bundesstaat definiert. Die beiden Grünen wollen das ändern in:

»Die Bundesrepublik Deutschland ist ein demokratischer, sozialer und ökologischer Bundesstaat«. (Ebd.)

Man darf annehmen, dass dann jede Maßnahme, die bisher als »systemisch relevant« aufgebauscht wurde, als »ökologisch relevant« aufgedonnert wird. Auch die Rechtfertigung die Maier und Steffen bieten, sieht doch etwas aufgebauscht aus:

»Dass der Klimawandel zu einer existentiellen Bedrohung der Menschheit und mit ihr auch unserer demokratischen und sozialen Ordnung selbst werden kann, ist mittlerweile in der Breite unserer Gesellschaft anerkannt. Die Klimakrise zu bewältigen, um unsere Ordnung für die kommenden Generationen – ja, für die Ewigkeit – zu erhalten, ist unsere Aufgabe.« (Ebd.)

Das sind die immergleichen Floskeln – dahinter aber steht ein Bekehrungsprogramm, das dem des Bischofs Augustinus nicht nachsteht, der ab dem Jahr 397 die Menschheit als »massa damnata« mit der »Erbsünde« terrorisierte. (s. hierzu Flasch 2008: 27 ff.; 2020: 291 ff.) Bei Meier und Steffen ist es die »Nachlässigkeit«, zu der die Menschheit durch eigene Schuld verdammt ist und die daher auch von »uns« gesühnt werden muss.

Kann Präsident Macron mit seinem UNO-Umweltpakts wirklich wollen, dass Leute an Macht gewinnen, die von einem großen weltweiten »WIR« schwärmen und glauben, sie müssten die gesamte Menschheit für alle Ewigkeit von der Erbsünde der Nachlässigkeit erlösen?

STIMMUNGS-ERHITZUNG

Versuch, die Politik der Herzen
zu verstehen

Mit Lady Dianas
»Queen of the Hearts«
fing es an

Gefühlsvoll waren auch schon die Herz Jesu-Bildchen, und schon Albert Schweizer und Mutter Theresa vermittelten Gefühle. Elvis Presley, Roy Orbison und Cindy Lauper sangen gefühlvoll. – Aber erst angesichts von Lady Diana begann die Politik aufzuhorchen: Als Diana mit charakteristischem Augenaufschlag erklärte, dass sie »Queen of the Hearts« sein möchte, Königin der Herzen. Und als nach ihrem Tod das massenhafte Niederlegen von Blumen und kleinen Bären ein allgemeiner Brauch wurde. Da merkten die Politiker, dass das Ansprechen der Gefühle, »der Herzen«, Wählerpotenziale eröffnet. Wahlberater hatten das Ansprechen der »Human interests«, der allgemeinmenschlichen Interessen, immer schon befürwortet, und die Unterhaltungs-Medien hatten es immer schon praktiziert. Nach den Blumenmeeren für Lady Diana aber entstand die *Stimmungspolitik*. Jetzt wurden in der Politik Gefühle wirklich wichtiger als die Logik von Sachprogrammen. Gipfel war 2015 Kanzlerin Merkels »humaner Imperativ«, mit dem sie ohne jede Kontrolle Hunderttausende von illegalen Grenzüberschreitern in Deutschland einreisen ließ, ohne Ausweis und ohne Visum für den Schengenraum. Institutionalisiert wurde auch das gefühlige WIR:

»Wir schaffen das«. Deutschland sollte eine Gefühls-Gemeinschaft werden. Später stellte Bundespräsident Steinmeier Kerzen für die Toten der Corona-Pandemie ins-Fenster seines Amtssitzes und blickte dazu besinnlich wie auf einem Gemälde von Ludwig Thoma. Und es ist doch sehr seltsam, wie manche Politiker und Journalisten bei jeder Sommerhitze »Extremwetterereignis« rufen und eine »Erderhitzung«, eine »Klimakatastrophe« vor der Tür sehen. Seltsamerweise sehen die Apokalyptiker auch jeden Frühlings-Kälteeinbruch als Symptom der »Erderhitzung«. Statt nüchterne Analyse zu leisten, werden auch hier die Gefühle, die »Herzen« angesprochen. (Dass die Erwärmung bestimmter Gebiete auf der Erde unbestreitbar ist, muss hier gesagt werden, damit man als Autor nicht sofort als »Leugner« gilt. Nur folgt nach einer wärmeren Zeit stets auch eine kältere Zeit. s. Vahrenholt und Lüning 2020)

Es stellt sich die Frage: Was ist das, »das Herz«, das diese Politik der Herzen bestimmt? Und was sind die Dimensionen der dahinter stehenden Kultur und Gesellschaft der Herzen? Was ist da los?

GRÖSSENWAHN,
WELTUNTERGANGS-WAHN.

Wenn die Leute quasi-religiös werden

Es werden Erlösungs-Fantasien und Ermächtigungs-Fantasien gepflegt. Das macht sonst die Religion. Wenn die Leute nun Elemente der Religion in die eigene Selbstsicht, Weltsicht und Selbstdarstellung übernehmen, entsteht *Quasireligion.* Das sieht so aus:

Glaube, Wahn: Das »Ich will die Welt retten« übernimmt von der Religion die Bereitschaft, Eingebildetes fest zu glauben. »Die Erderhitzung« – der Begriff übertreibt, er suggeriert, dass den Leuten demnächst die Füße geröstet werden, sie also demnächst in einer Art irdischer Hölle landen werden.

Größenwahn: Er besteht zum Beispiel in dem Glauben, dass ein paar Personen, ein paar Deutsche, »die Welt retten« könnten. Wie die alten gnostischen Apokalyptiker pflegen die Schule schwänzenden Fridays for Future-Schüler den Weltuntergangs-Wahn: dass die »Erderhitzung« zum Untergang der Menschheit führe, falls nicht *sofort* alle Deutschen aufs Schnitzel verzichten – wegen der Rinder und deren, vornehm gesagt, »Treibhausgasemissionen, die bei der Verdauung entstehen«. Verzichten sollen alle sofort aufs Fliegen, eigentlich auf alles

73

außer auf das *Gehorchen und Radfahren.* Es gab Zeiten, da war der buckelnde Radfahrer das Symbolbild für den Untertanen.

Sünden und Erlösung: Da glauben manche Leute an die »Sünden der Menschheit« – nicht an Augustins Erbsünde, sondern an andere Erbsünden der Menschheit, der »Weißen«: die Kreuzzüge, den Imperialismus, Kolonialismus, die Sklaverei (die allerdings ursprünglich von den Arabern eingeführt wurde) , das Auto und das Fleisch. Dass diese Vorwürfe an »die Weißen« rassistisch sind, ist diesen Gläubigen nicht bewusst.

Betonung der Notwendigkeit des Leidens, des »heiligen Lebens«, der Einschränkung, der Bescheidenheit, der »Enthaltsamkeit«. Selbst der eigentlich sachliche Begriff »Lifestyle« kann ein pfäffisches Instrument werden, wenn er als moralischer Vorwurf gebraucht wird. So wirft Sahra Wagenknecht (2021) den »Lifeystyle-Linken« vor, dass sie den »Lifestyle« mehr beachten als die die Sozialpolitik. Der Vorwurf der Vernachlässigung des Sozialen ist berechtigt – Aber warum verdammt Wagenknecht den »Lifestyle«? Warum sollen die Leute keinen Lifestyle pflegen? Warum keinen »Stil« haben? Die Idee, dass ein Leben ohne Stil das ideale Leben sei, ein einfaches, ganz »natürliches« – das ist keine linke Idee, das ist schlicht bigott.

Heilige: Zur Quasi-Religion gehören auch Quasi-Heilige als »Erleuchtete«, deren Rigidität sie aus der Masse hervorhebt. Die Bundeskanzlerin wurde so 2015 mit ihrer strikten Migrantenpolitik zur »Mutter Theresa« oder einfach als »Mutti« zur Quasi-Heiligen. Und die schwedische Autistin Greta eignete sich gut als Heilige mit ihrem strengen, stechenden, humorlosen Blick und ihrem Mittelscheitel. Der Papst stellte sich auf dem Petersplatz zu ihr, und die Kanzlerin empfing sie im Kanzleramt.

Opfergedenken: die ritualisierte Opferfeier, der Bundespräsident als Trauerpriester in der regelmäßig von ihm veranstalteten Totenfeier. Ehrendes Gedenken ist eine richtige Sache, aber das darf nicht ritualisiert werden, schon gar nicht staatlich. Bei der staatlichen Gedenkfeier für die Corona-Toten wurden Kerzen angezündet und Namen der Toten verlesen – das staatliche Gedenken als lebendes Kriegerdenkmal, das ist schon fast wilhelminisch. – Aber kein darüber berichtender Journalist erwähnte, dass die Zahl der Corona-Toten in Deutschland auch eine Folge der Tatsache war, dass die deutsche Regierung den Impfstoff nicht direkt besorgt hatte, sondern verzögert über die EU. Dass sie also nicht für eine sofortige schnelle Impfung der eigenen Bevölkerung gesorgt hatte, wie es ihre Pflicht gewesen wäre. (»Schaden vom deutschen Volk abwenden.«)

Diese Dimensionen der neuen Quasireligiosität sind keine neue Welle neuer »Wertorientierungen« in der gesamten Bevölkerung. Es sind die Legitimationsideologien für quasireligiös sich gebende und in den Social media auftretende Gruppen, die ihr quasireligiöses Auftreten zum Beruf machen und vom Staat viel Geld verlangen – und von den Stimmungspolitikern, die auf Stimmungs-Wahlsiege hoffen, auch erhalten. Das Ganze hat etwas Mutwilliges, bzw. mutwillig Wahnhaftes. Man tut so, als hätte man einen Glauben, an dem man festhält. Viele »Aktivisten« wissen nicht genug, um sachlich kompetent über die rechtlichen und sozialen Probleme von Flüchtlingen, Migration, illegalen Einreisen oder über »den Klimawandel« reden zu können. (Ich behaupte damit nicht, dass ich es kompetent könnte.) Deshalb verwenden sie die gängigen Sprachregelungen und Floskeln. Und andere in der Bevölkerung, die keine »Aktivisten« sind, belassen es bei diffusen Gefühlen wie »Helfen« oder »Retten«. Helfen will man dann immer gleich »der Menschheit« und retten immer gleich »die Welt«. Darunter tut man es nicht. In der Psychologie nennt man solche Größenfantasien »Narzissmus«.

Wenn Politik sich der Gefühle annimmt, entsteht Klientelpolitik

»Das Herz« als Caritas, Hilfe, Wohlfahrt, Fürsorge, Menschlichkeit – *dieses* »Herz« ist eine gute Sache. Nur: Wenn Religion und Politik sich der Sache annehmen, verselbständigt sich das zu »Glaubenswahrheiten« und »Imperativen«. Denn man darf nicht vergessen, dass Politiker daran arbeiten, Macht zu haben und ihren Anhängern Posten zu verschaffen. Jede gewonnene Wahl bedeutet Posten für Parteimitglieder, Wahlhelfer etc. Wenn also Politik das »Herz« an erste Stelle stellt, darf man Interessen vermuten, Eigeninteressen der Politiker und ihrer Klientel.

»NATUR«-WAHN. DAS »HERZ« ALS ROMANTISCHER FEIND VON INDUSTRIE, WIRTSCHAFT UND GROSSSTADT

In der Energiepolitik hatte die Regierung Merkel – mit Zustimmung eines Teils der anderen Parteien – ein Zerstörungswerk begonnen. Zerstört wurde und wird in Deutschland die hochtechnisierte Industrie. Oder genauer: Deren Tendenz, die Produktion in Niedriglohnländer zu verlagern, wurde von der Bundesregierung nicht aktiv bekämpft. Unternehmen und auch Forschungsunternehmen für Computertechnik, Rundfunktechnik und auch die eingeführten und kostengünstigen Formen der Energieproduktion wurden und werden zerstört. Das romantische Herz hat nichts übrig für das Stahlwerk, die Autofabrik, das Kohlekraftwerk, selbst nicht für weniger schädliche Entwicklungen. Und übrigens auch nicht für das Leben der Großstadt. Das romantische Herz möchte das alles kaputt machen und arbeitet mit Lust daran. Das so scheinheilig »humanitäre« Herz bedroht die Bevölkerung mit der Zerstörung sicherer und billiger Energieversorgung, der Zerstörung der wichtigsten deutschen Industrie, der Autoindustrie, und es ist den Romantikern auch fremd, sich für staatlich geförderte Technologiezentren zu erwärmen, die in der Computertechnik (»Digitalisierung«), der Gentechnik, der Kohle- und Atomkraftwerks-Technik ökologisch akzeptable Fortschritte erzielen. Das überlässt man China, Japan, Singapur etc. Statt hochqualifizierte Personen nach Deutschland einzuladen und zu fördern, die bereits abgeschlossene Arbeitsverträge und entsprechende Visa vorweisen können, lädt das romantische Herz arbeitslose Unqualifizierte und deren Großfamilien ein und subventioniert sie aus den Sozialetats, die dafür nicht vorgesehen sind.

Die Massenentlassungen, die diese zerstörerische Politik in den Unternehmen — die ohnehin Massenentlassungen praktizieren — zur Folge hat, setzt das romantische Herz dann als Drohpotenzial ein. Die Bevölkerung soll dankbar sein, wenn der Staat, als Robin Hood, ihr Niedriglohn-Jobs und ein mieses »Grundgehalt« schenkt.

Muss man es sagen? Muss man sagen, dass gesellschaftlicher Reichtum nicht von »den Reichen«, von hochbesteuerten Vermögen entsteht, sondern durch die Entwicklung der Produktivkräfte, heute: hochtechnischer, hochkomplizierter Produktivkräfte. Und muss man es sagen, dass Deutschland auf den Export angewiesen ist? Wer nur noch ein paar Windräder hat, besitzt nichts, womit er Handel betreiben könnte. Auch vegane »Hamburger« sind kein Exportschlager. Binnenwirtschaftlich schafft auch das Beißen in einen veganen Hamburger keine Kaufkraft. Und wenn die Regierung die Bevölkerung mittels hoher (und willkürlicher) Öko-Steuern schröpf, schafft sie keine Kaufkraft.

DER GLEICHWERTIGKEITS-WAHN

Die postmoderne Missachtung
von Qualität

Vorbereitet wurde die heutige quasireligiös »grüne« Ideologie in den 1970er / 1980er Jahren in der Philosophie und Soziologie durch »die Postmoderne«. Die Postmodernen denken relativistisch, d.h. nichts bedeutet ihnen etwas, denn alles ist für sie bloß »Narration«, »Erzählung«. Auch Journalisten sagen heute noch gern, dass Politiker »Erzählungen« verbreiten, so als sei jeder Quatsch, jede Phrase, die Politikerinnen und Politiker von sich geben, gleichwertig mit einer guten Rede. Für die heute postmodern Denkenden hat sich alles einer Maxime unterzuordenen: der Maxime der »Gleichheit«. Heute klingt das ungemein edel: »Gleiches Recht, gleiche Anerkennung für alle und alles.« Klar, das ist gut – solange niemand, wie die Schweine bei Orwell, beansprucht, gleicher als andere zu sein. Die Gleichheit aller vor dem Gesetz sollte selbstverständlich sein; auch Toleranz gegenüber Ungleichen sollte selbstverständlich sein – nicht jedoch eine alle Unterschiede und Qualitäten leugnnde Gleichmarcherei. Edle Ursprünge hat die Gleichheits-Maxime ohnehin nicht. Unter den Räuberbanden in Europas Urzeit bedeutete »Gleichheit« nicht mehr und nicht weniger als die gleiche Verteilung der Beute. (s. Voltaire [1756] 1990, 1. Bd.: 342)

Darum geht es auch heute. Heute geht es um die Verteilung von Staatsgeldern, Steuergeldern. Oder um die Besteuerung derer, die mehr haben oder wollen als Gleichheits-Politiker ihnen zugestehen wollen: Sie haben zu viel Einkommen, zu viel Energieverbrauch, zu viel Wohnfläche und, Höhepunkt des Verbrechens, einen SUV. Wer das hat oder will, ist ein elitäres Schwein und gehört bestraft.

Es sind nicht nur die Funktionäre, die das so sehen, das wird auch im Alltag demonstrativ praktiziert. Da alles »für alle« gleich zu sein hat, hauen die Leute – in den besten Wohnvierteln – ihre verlatschten Turnschuhe vor ihre Wohnungen ins Treppenhaus, wenn sie nicht sogar vor ihren Wohnungen, im Treppenhaus, ein Schuhregal anbringen und dort aller Welt ihre versifften, verdreckten Schuhe zeigen. Auf das Schuhregal stellen sie dann gern auch noch das grässliche Zeug, was ihr Kleinkind gemalt hat. Bevor die anderen Hausbewohner in ihre eigenen Wohnungen gelangen, müssen sie durch diese Hölle der demonstrativen Hässlichkeit für alle.

»HERZ« ALS IGNORANZ
GEGENÜBER RECHT UND GESETZ.

Sonderrechte für »Erleuchtete«

In der Europäischen Union gibt es einen lockeren Umgang mit Recht und Gesetz. Das begann damit, dass Präsident Sarkozy 2010 Bundeskanzlerin Merkel dazu zwang, den ESM, den European Stability Mechanism einzurichten. Der ESM ist ein Fundus der Europäischen Währungsunion, aus dem die Staaten andere Staaten finanzieren, indem sie ihnen Kredite geben, die angeblich irgendwann, in 30 bis 50 Jahren oder gar nicht, zurückgezahlt werden sollen. Das ist eine kaum kaschierte Fremdfinanzierung anderer Staaten, und die ist durch den Maastricht-Vertrag verboten. Der Maastricht-Vertrag hat Gesetzescharakter. Der ESM war also eine Vertragsverletzung. Das wurde unter den TIsch gekehrt, denn damals musste das durch seine Klientelpolitik verschuldete Griechenland »gerettet« werden, dessen Staatsinsolvenz hätte den Euro gefährdet.

Wer vom Gleichheits-Ideal erleuchtet ist, glaubt, er könne sich auch schon mal über die Gesetze hinwegsetzen, wenn es nur dem »Herzen«, der guten, humanitären Sache dient. Kanzlerin Merkel setzte sich 2015 über das Grundgesetz hinweg, das auch Flüchtlinge (im Sinn des Genfer Abkommens: politisch Verfolgte) nicht aufzunehmen gestattet, wenn sie aus einem sicheren

Drittland kommen. (Dies jedenfalls ist die Rechtsaus-
legung eines ehemaligen Vorsitzenden des Bundesver-
fassungsgerichts, s. Papier 2019: 54 f.) Österreich ist ein
sicheres Drittland und Italien ist es auch. Und die von
NGOs oder der evangelischen Kirche unterhaltenen
Schiffe im Mittelmeer, die von den Schlepperbanden
ausgesetzte Personen nach Italien bringen, verstoßen
bewusst gegen das internationale Seerecht, die Dublin-
Abkommen und italienisches Recht. In Deutschland
wurden sie als Helden gefeiert. Im Rahmen der Politik
der Herzen gibt es eben Sonderrechte für Erleuchtete.
Und nachdem die Kanzlerin, populistisch agierend, das
Schuleschwänzen am Freitag ausdrücklich begrüßte,
herrscht in den Schulämtern die Meinung, dass die ge-
setzliche Schulpflicht nicht für Jugendliche gilt, die »Ich
will die Welt retten« sagen.

Als erleuchtet sehen die regierenden Politiker auch
NGOs an, die darum von der UNO, der EU und der
deutschen Regierung ein privilegiertes Klagerecht erhalten haben. Viele NGOs sind jedoch nichts Anderes
als Agenturen für öffentliche Profilierung. Die Profilierung dient dem Abgreifen von Staatsknete, EU-Knete,
UNO-Knete – und von Strafgebühren. Umwelt-NGOs
erhielten das Privileg, von »Umweltsündern« Strafzahlungen einzuziehen, die sie zudem selbst behalten
dürfen. Denn: »Sünder« gehören bestraft.

DER VERDAMMUNGS-
WAHN UND DIE FREUDEN
DES SHITSTORMS

Um es nur kurz zu erwähnen: Auch die Blogger und Flucher dürfen jetzt ungeniert »Sünder« strafen und verfolgen. Die in den Social media praktizierte Anonymität bedeutet gesellschaftlich die Freigabe aller Vorurteile und Diffamierungen. Die Folge ist eine neue Legitimierung von politischen Kämpfen unter der Gürtellinie.

DIE INTERESSENLAGEN
DER ANGEBLICH GLÄUBIGEN

Diesen neuen Glaubensvorstellungen, Wahnvorstellungen hängt nicht die gesamte Bevölkerung an. Das sind nur die, die glauben, dass das Ganze ihnen bzw. ihren Kindern, Enkeln etc. etwas bringt. Die Mitmacher sind:

Die Gestressten unter den Bessergestellten: Das sind in der Mittelschicht die Gestressten, gestresst durch die Notwendigkeit ihren Lebensstandard zu erhalten – und das ist nicht ihr »Lifestyle«, sondern das sind Kosten für Miete, Ernährung, Kindererziehung, Computer, auch für Urlaubsreisen mit den Kindern etc. Zu den Gestressten unter den Bessergestellten gehören auch diejenigen, die um ihren Job fürchten müssen. Oder diejenigen, die alles tun, damit es ihrem Sohn, trotz dessen Unwillen, sich anzustrengen, um etwas zu werden, trotzdem etwas wird. Sie haben ihm die Schilder für die Fridays for Future-Gruppe gemalt und ihn im Auto zur Demo gefahren. Die Tante stand auf dem Podium und sang »Wir wollen kein CO_2 mehr!«

Die Prekären: Wer in der Unterschicht keinen Job hat oder dessen Job bedroht ist, der erhofft für sich den Staat als Robin Hood: den Reichen nehmen und den Armen geben. Vor allem heute das »Grundgehalt für Alle«.

DIE MACHT DER GESTRESSTEN
UNTER DEN BESSERGESTELLTEN
ÜBER DIE PREKÄREN

Über die Prekären haben die Gestressten unter den Bessergestellten, die einen Job haben, eine gewisse Macht. Sie stellen die Lehrerinnen und Lehrer, die die Kinder mit »grüner« Ideologie traktieren. Sie stellen die Betreuer und Betreuerinnen in den Kitas und Kindergärten, wo schon den Kleinkindern beigebracht wird, vegan zu leben und Baumhäuser zu bauen, wie die Heldinnen und Helden in den bedrohten Wäldern. Sie stellen das Personal in den Stadtverwaltungen, das den Leuten die Gender-Schreibweise vorschreibt. Und sie machen in den Parteien Karriere, bei Schwarz-Rot, Grün-Schwarz, Rot-Rot-Grün.

Das sind also die Multiplikatoren des apokalyptischen Weltuntergangs-Wahns, des Größenwahns, des Gleichheits-Wahns, des Natur-Wahns. (Vielleicht könnte man auch kurz sagen: des Idealismus.) Nicht nur ihre eigenen Kinder, auch die der Prekären plappern die Propaganda nach, die ihnen in den Kitas und Schulen eingebläut wurde. Dann kommen sie nach Hause, und wenn sie dann im Smartphone dödeln oder fernsehen, geht es weiter, in den Nachrichten, den »Dokumentationen« und den Werbespots. Da brennen ununterbrochen die Wälder; die Flüsse überschwemmen das Land und reißen Häuser weg; die Äcker sind vertrocknet, darauf liegt das Skelett des toten Fischs. – Kein Journalist stellt die Frage, ob die Buschbrände in Australien nicht schon immer da waren, weil sie eben von Blitzen ausgelöst werden; ob sich die Waldbrände in Kalifornien nicht wegen einer schlechten Feuerüberwachung ausbreiten (nur Präsident Trump warf diese Frage auf); warum die Regierungen gegen katastrophale Überschwemmungen keine Dämme gebaut haben; und warum in Afrika die Diktatoren, statt Rolls Royce zu fahren, nicht besser Bewässerungsanlagen für die Äcker ihrer Bauern hätten bauen können. Nein, alles hat für die Journalisten nur eine Ursache: »die Erderhitzung«. Alles muss von der Windrad- und Solarkollektoren-Industrie »gerettet« werden und von der Autobatterien-Industrie – und vor allem von den Händlern von CO_2-Zertifikaten (die mit diesem Handel reich werden). Dann lassen die Journalisten die von der deutschen Regierung aus Steuergeldern unterstützten NGO-Vertreter im Fernsehen sprechen statt der parlamentarischen Opposition.

Was ich sagen will: Das Übel kommt aus einem quasi-religiösen, idealistischen Wahn. Das Bessere käme dagegen aus dem *realitätstüchtigen Blick auf die Welt*, also aus dem Realismus. – Falls man jenen nicht wiederum idealisiert. Besser ist der Realismus, der in den Verfassungen, im Recht und in den Gesetzen steckt. Und in der rationalen Beratschlagung in den Parlamenten und in öffentlichen Debatten. – Falls die öffentlichen

Debatten nicht von den »Experten« monopolisiert werden. »Experten«: Das sind auch nach Corona immer noch jene redenden Köpfe, die schlecht ausgeleuchtet, ungeschminkt und mit schlechter Tonqualität in ihre Home-Kameras monologisieren und, weil bleich und optisch verzerrt, wie die Geier aussehen.

MEHR UNTERHALTSAME STÜCKE

Das lebendige Leben

»Leben wird nach dem ganz Abstrakten
und dem ganz Konkreten, beinahe
möchte ich sagen: dem Konkretistischen,
polarisiert, während es einzig in der
Spannung dazwischen wäre.«
Theodor W. Adorno: Ontologie und
Dialektik ([1960/61] 2002: 296)

IM REALEN LEBEN
HERRSCHT KEINE TOTALE
ANPASSUNG

In Diderots Roman *Jacques der Fatalist* sind Jacques und sein Herr zu Pferd unterwegs. Während dieser Reise gibt es viele Gespräche, darunter das folgende:

»JACQUES: Mein lieber Herr, das Leben vergeht über lauter Quidproquos. In der Liebe gibt es Quidproquos, in der Freundschaft gibt es Quidproquos, in der Politik gibt es Quidproquos, in den Finanzen, der Kirche, der Verwaltung, dem Handel, bei Frauen und Männern ...

DER HERR: Hey! hör auf damit und versuche zu erkennen, dass du selber ein großes Quidproquo verfertigst, wenn du mir eine Moralvorlesung halten willst, wo es um geschichtliche Tatsachen geht.« (Diderot [1771–1778] 2014: 75 f., [ ] hinzugefügt)

»Quid pro quo« bedeutet: Dieses anstelle von Jenem. Dieses als Ersatz für Jenes. In der Struktur der Ware (der »Warenform«) bedeutet das: Der Tauschwert (quid) setzt sich an die Stelle (pro) des Gebrauchswerts (quo); der Tauschwert wird also ein quid pro quo. Das gibt es. Wenn das geschieht, ersetzt das quid, der Tauschwert, das quo, den Gebrauchswert. Dann könnte man auch sagen, dass der Tauschwert ein »falscher Schein« sei. (Quid pro quo: s. Prokop 2005: 68 ff.; 2014: 145 ff.)

Aber es führt zu keiner guten Analyse, wenn man glaubt, man könne immer und überall die Macht des Tauschwerts beklagen. Deshalb meint der Herr des Fatalisten Jacques, dass »Moralvorlesungen«, die an den Sachen den »falschen Schein« kritisieren, sich nicht genug in die Sachen vertiefen. Denn die Sachen sind »geschichtliche Tatsachen«. Und »Tatsachen« bedeutet, dass man die Sachen nicht moralisierend von außen betrachten kann, man muss auch deren innere geschichtliche Struktur analysieren.

Alles nur Fakes! Alles nur falscher Schein! – So einfach ist das nicht. Denn das quid – der Tauschwert – beinhaltet auch lebendige, kreative Aspekte. Perfekt inszenierte Tauschwerte können auch ästhetisch vollendete Produkte und zugleich Formen der Wunscherfüllung sein. (Siehe das folgende Stück über Stillleben in der Malerei.)

Außerdem arbeiten denkende Künstlerinnen und Künstler auch an einem quo pro quid, d.h. sie entwickeln eigene, eigensinnige Variationen des Vorgegebenen. (Siehe die folgenden Stücke über Pianisten.)

Das ist wichtig, weil Kritik, wenn es um Gestaltungsfragen geht, sehr auf puritanisch-puristische Moralvorlesungen über den »falschen Schein« fixiert ist und diese beiden Aspekte gestalterischer Kreativität meistens ignoriert.

STILLLEBEN:
MEMENTO FORTUNAE

Die prächtigen Blumen-Stillleben des 17. und 18. Jahr-
hunderts – zum Beispiel von Abraham Mignon (1640–
1679) oder Rachel Ruijsch (1664–1750) (man kann sie im
Internet ansehen) – halten den kurzen Augenblick fest,
in dem die Blumen in ihrer ganzen Pracht und Vielfalt
präsent sind. Sie stellen mit dem Augenblick der perfek-
ten Schönheit zugleich den Augenblick der absoluten
Tauschbarkeit, Verkaufbarkeit dar – und ebenso stellen
sie in dieser Perfektion zugleich Natur und Zeit still.
Mignon und Ruijsch machten auch klar, dass diese
Stillstellung der Natur in ihrer Pracht nicht für die
Ewigkeit sein kann. Die wunderbare Pracht der Blumen stellt die Wertform des Blumenstraußes dar – aber
die Naturalform der Blumen ist vergänglich. Also haben Mignon und Ruijsch in ihre Bilder Hinweise auf
Vergänglichkeit eingebaut: Käfer, die an den Blättern
nagen; aus der Vase gefallene Blätter, die bereits ver-
welken; Schnecken, deren langsames Kriechen auf das
Vergehen der Zeit hinweist etc. Sie malten dieses Memento Mori (Gedenke des Todes, der Vergänglichkeit),
weil es diesen Gegensatz zwischen der reinen Identität
perfekter Schönheit (und Tauschbarkeit) und der Ge-
fahr des Vergehens, des Verderbens des Naturalen, in

der Realität gibt. Oder des Zufalls, der Kontingenz: In einem Bild von Abraham Mignon, das im Kunstmuseum in Basel hängt, stößt eine Katze die Blumenvase mit dem prächtigen Strauß um, und Musée des Beaux Arts in Lyon gibt es ein Bild, in dem ein Affe dasselbe tut. Der Witz dahinter – bei den Bildern von Mignon und Ruijsch – ist es, dass hier Perfektion nicht als solche gefeiert wird, sondern sich als vergängliche oder auch spielerische darstellt.

Aber das Memento Mori steht nicht im Vordergrund. Neben den Vasen liegt kein Totenschädel. Die Polarisierung von vollkommener Blumenpracht und deren Vergänglichkeit dient nicht dem Zweck des Todesgedenkens. Denn in der Perfektion der Blumensträuße, in der Pracht ihres Tauschwerts ist auch Leben, und zwar Leben als Glück: Es ist das Glück der vom Menschen gemachten, perfekt inszenierten Vollkommenheit: Memento fortunae!

(Kreative Perfektionierung des Tauschwerts in Disneyworld: s. Prokop 2017: 261 ff.)

DENKENDE
UND SENTIMENTALE
STAR-PIANISTEN

In Klavierkonzerten gibt es – unter den besten der Pianisten – zwei Arten von Interpreten: denkende und sentimentale.

Denkende Pianisten – ich nenne hier nur Klassiker wie Vladimir Horowitz, Maurizio Pollini, Alfred Brendel – spielen virtuos, persönlich interpretierend, aber auch dem Stück angemessen. Sie bringen Pathos, wo Pathos angebracht ist und Gefühl, wo es einen Sinn macht. Aber sie gehen mit dem, was der Komponist vorgesehen hat, auch intelligent um: Sie walzen Pathos nicht aus, sondern entgegen allen Erwartungen deuten sie es nur kurz an. Und in sentimentale Passagen knien sich die denkenden Pianisten nicht hinein, das Gefühlvolle spielen sie mit virtuoser Eleganz herunter.

Sentimentale Pianisten wie Lang Lang, Ivo Pogorelich, Mikhail Pletnev, Anthony und Joseph Paratore leiern – auf hohem virtuosem Niveau – die Stücke teigig-romantiserend herunter. (Auch wenn ein Pianist sich ans Klavier setzt und erst einmal laut »Nieder mit dem Kapitalismus und Rassismus« ins Publikum ruft, sollte man ihn den sentimentalen Pianisten zuordnen.)

Die Pianisten haben ein jeweils unterschiedliches Publikum, denn auch hier gibt es den Unterschied:

Das denkende Publikum: Wenn es den denkenden Pianisten applaudiert, honoriert es den souveränen Dialog des Pianisten mit der Komposition. Es schätzt es, wenn der Pianist nicht den konventionellen Erwartungen entspricht.

Das sentimentale Publikum: Es schätzt den konventionellen Stil. Es mag es, wenn der Pianist pathetisch herumdonnert, wo in der Vorlage »Fortissimo« steht und wenn der Pianist an den romantisierenden Stellen vor Gefühl förmlich zerfließt – Lang Lang ist ein Meister darin, er rollt dann auch unnachahmlich seine großen Kulleraugen. Wenn das sentimentale Publikum den sentimentalen Pianisten applaudiert, beklatscht es mit gewissem Mutwillen sich selbst, die eigenen Bedürfnisse nach gefühlsmäßigem Wohlbefinden oder nach Konformität. Etwa in dem Sinn, wie das in einem Werbespot für CDs mit klassischer Musik inszeniert wurde: Eine Frau bekommt von einem Mann eine CD in die Hand gedrückt. Sie bricht in den Ruf aus: »Ah, Klavierkonzerte! Ich *liebe* Klavierkonzerte! Da kann man so schön die Seele baumeln lassen.«

DER AUFMÜPFIGE
KNEIPENPIANIST

Ein Mann am Klavier in einer Kneipe in Wien, die
»Mozartstüberl« heißt: Der Pianist soll die Leute unterhalten, die schon einiges getrunken haben. Er spielt
gängige Melodien, und dabei improvisiert er. Wenn
er improvisiert, beachtet ihn niemand. Wenn er die
gängigen Melodien spielt, singt das Publikum weinselig
mit. Der Pianist improvisiert lieber. In seinen Improvisationen deutet er an den gängigen Melodien alles das
aus, was sie auch enthalten: Glück und Weite, Tragik
und Leid, Pathos und Lüge. Das kann er, er ist ein Profi.
Aber das Publikum hört seinen Improvisationen nicht
zu. Er muss also, um das Publikum zu unterhalten, von
Zeit zu Zeit die gängige Melodie in Reinform spielen,
damit das Publikum mitsingen kann. Dafür wird er
bezahlt.

Wenn er seine Pflicht tut, seufzt der Pianist leise vor
sich hin, dass »immer alles dasselbe« sei. Er zeigt ein
Mienenspiel des Abscheus, und lange hält er das nicht
aus, dann improvisiert er wieder. Er beginnt einen
aufmüpfigen Dialog mit der gängigen Melodie, er wan-
delt sie ab, verzerrt sie mutwillig. Er thematisiert den
Schrecken, den diese immergleichen Konstruktionen
ihm einflößen. Er praktiziert eine wutgeladene Ent-

larvung der Konstruktionen und Konstruktionsprinzipien, die die gängige Melodie beherrschen. Aber das Publikum hört nicht mehr hin.

DAS LAGERDENKEN
UND DIE AUFMÜPFIGEN

Hier möchte ich ein Fundstück vorstellen. Es stammt aus dem dritten Teil der *Känguru-Chroniken* von Marc-Uwe Kling. Das ist ein vierbändiger Episoden-Roman, dessen Hauptpersonen »das Känguru« und der Autor als Ich-Erzähler sind. Im dritten Band tritt auch der Vater des Kängurus auf. Er heißt Ken und ist der Große Guru. Ken (er spricht ein grammatikalisch verdrehtes Deutsch) fragt seinen Sohn:

»›Was dich hat zu mir geführt?‹

›Äh ... also ... die Pinguine ...‹ sagt das Känguru [d. h. der Känguru-Sohn].

›Ah! Schon seit Anbeginn der Welt, dieser Kampf wird geführt‹, sagt Ken. ›Der Kampf zwischen den mit dem Strom schwimmenden Soldaten der Sklaverei, der Bevormundung und der Unterdrückung und den sprunghaften Kräften der Aufmüpfigkeit. Die epische Schlacht zwischen Kängurus und Pinguinen das ist.‹

›Und was ist mit den Menschen?‹, frage ich. [...]

›Sich entscheiden jeder einzelne Mensch wird müssen‹, sagt Ken. ›Entweder für uns man ist oder gegen uns man ist.‹«

› Oder man steht in der Mitte‹, sage ich.

›Ja ... natürlich‹, sagt Ken. ›Auch das geht.‹

›Es gibt bestimmt auch Leute, die sind eher aufmüpfig, aber auch ein bisschen angepasst‹, sage ich.

›Ja‹, sagt Ken, ›wenn nachdenke genau ich darüber.‹

›Aber auch total angepasste, die ab und zu ein wenig aufmüpfig sind‹, sage ich.

›Klar‹, sagt Ken.

›Es gibt auch Leute, die sind in manchen Bereichen, zum Beispiel im Beruf, total angepasst, aber dafür in anderen Bereichen, zum Beispiel in ihrer Freizeit, krass aufmüpfig.‹

›Schweige jetzt!‹, befiehlt Ken.«

(Kling 2020, 3. Bd.: 310 f.; [ ] hinzugefügt)

Der Große Guru steht scheinbar auf der Seite der sprunghaften Aufmüpfigen, und er grenzt sich von den Pinguinen ab, den mit dem Strom schwimmenden Soldaten der Sklaverei, der Bevormundung und der Unterdrückung. Aber wirklich aufmüpfig ist in diesem Dialog der Autor und Ich-Erzähler, und ihm befiehlt der Große Guru, zu schweigen – warum? Weil er als Großer Guru etwas praktiziert, was Große Gurus – und auch Politiker – gern pflegen: Lagerdenken. Er denkt in festen Kategorien. Da steht das Lager der Guten, der Kängurus, dem Lager der Bösen, der Pinguine gegenüber. Der Große Guru befindet sich damit auf dem Niveau des »Alles Faschos außer Mutti«. Aber zu diesem Entweder-Oder hat der Autor und Ich-Erzähler etwas einzuwenden: Aufmüpfig verweigert er das Denken in Lager-Kategorien.

Weil es eben nicht aufmüpfig ist, wenn man sich einem Lager unterwirft.

»ES GIBT NOCH GEGENDEN ...«

In *quer*, der Satire-Sendung des Bayerischen Fernsehens, sagt der Moderator Christoph Süß:

»Es gibt noch Gegenden, in denen ein Schwein nicht ein Macho, sondern ein Braten ist.«

Es gibt noch Gegenden, in denen ein großer Teil der Bevölkerung keinerlei Interesse an jenen anderen Gegenden hat, in denen sich Interessengruppen mit spektakulären Schlagwörtern im Kampf um Staatsgelder, Posten, Privilegien profilieren. Der große Teil der Bevölkerung ist mehr an seinem Alltagsglück und seinen Alltagssorgen interessiert. In diesen Gegenden diesseits der Kampfbegriffe findet das reale Leben in seiner eigenen Lebendigkeit und seinen eigenen Widersprüchen statt.

BLUTWURST
BEI DEN BARBAREN

Manche Leute fotografieren im Restaurant ihr Essen und verschicken das sofort in alle Welt. In einem Äppel-wein-Lokal in Frankfurt fotografiert ein junges französisches Paar mit leuchtenden Augen ihre Teller mit der Blutwurst, der Leberwurst, Kartoffelbrei und dem Kraut. Sofort wird das Bild verschickt: Blutwurst mit Kraut! Ein Abenteuer im Land der Barbaren!

SCHLANGESTEHEN
IM SUPERMARKT

Im Supermarkt, es ist Samstag kurz vor Ladenschluss, sind alle Einkaufswagen weg. Ein Mensch wartet vor den Kassen, dass der nächste Wagen frei wird. Er steht so, dass er mehrere Kassen im Auge hat und will den ersten freien Wagen übernehmen. Hinter ihm stehen fünf Leute in der Schlange, mit derselben Absicht.

Die Schlange hat einen Rentner hinter sich gelassen, der die Waren in seinem Einkaufswagen so langsam in seine Jutetaschen verstaut, dass keiner sich Hoffnung auf dessen Wagen machen kann. An ihn macht sich eine noch ältere, ganz klapprige Frau heran, die zudem eine Blinden-Armbinde trägt. Ihrem moralischen Druck ist selbst der Rentner nicht gewachsen, so dass er sich plötzlich beeilen muss, bevor die halbblinde Alte zusammenklappt. Sobald sie den Wagen hat, entschwebt sie rüstig.

Hinter den Leuten in der Schlange befindet sich auch eine mürrische Dicke, die ebenso umständlich ihren Wagen ausräumt und keinerlei Anzeichen von sich gibt, dass sie den Wagen hergeben will. Eine Frau, kommt in den Laden, eine Frau in mittlerem Alter, vermutlich aus einem Balkanland. Sie spielt die Ausländerin, die nicht weiß, was eine Schlange von Wartenden bedeutet. Sie geht an der Schlange vorbei, direkt zu einem der Käufer an der Kasse, um dessen Wagen zu nehmen, sobald er frei ist. Der erste Mann in der Schlange sagt, dass sie sich hinten in der Schlange anstellen soll, aber sie tut so als verstünde sie kein Deutsch. Der Mann sagt, dass es doch normal sei, dass zuerst die in der Schlange Wartenden den ersten freiwerdenden Wagen bekommen, aber die Frau reagiert nicht. Hinter der Schlange ruft die mürrische Dicke: »Kommen Sie her, ich geb Ihnen meinen.« Der Mann – jener erste in der Schlange – dreht sich um, weil er denkt, er sei gemeint, doch die mürrische Dicke ruft zu der Frau, die sich vorgedrängt hatte: »Nein Sie, Ihnen geb ich meinen Wagen!«. Die freche »Ausländerin«, die plötzlich Deutsch versteht, zieht mit dem Wagen triumphierend davon.

Der Besitzer des Einkaufswagens an der Kasse, auf den es die freche Frau ursprünglich abgesehen hatte, lädt jetzt mutwillig alle seine Tüten, die er auch gleich hätte tragen können, auf den Wagen und fährt ihn mit demonstrativer Gleichgültigkeit an der Schlange der nach seinem Wagen Gierenden vorbei, um ihn ganz hinten anzuketten worauf sich jemand am Ende der Schlange auf jenen Wagen stürzt.

Also:

Wer glaubt, dass sich Gleichheit, Gerechtigkeit, rationale Verständigung und ziviles Verhalten bereits herstellen, wenn man das als ethische Wertorientierung propagiert, ist nie in einer Warteschlange gewesen.

DAS NICHT
BABYGERECHTE BABY

Ein junges Paar ist bei einem anderen jungen Paar zu Besuch, das ein Baby bekommen hat. Das Baby hat noch kein einziges Wort gesprochen. Immer wieder versuchen die Eltern, dem Baby beizubringen, nicht nur zu brabbeln, sondern ein erstes Wort zu sagen. Was sagt ein Baby als erstes Wort? Natürlich »Mama« oder »Papa«. Auf dem Tisch liegt ein gehäkeltes Deckchen. Der Besucher ist so unvorsichtig, sich einzumischen und schlägt dem Baby vor, doch mal »Häkeldeckchen« zu sagen.

Was sagt das Baby als allererstes Wort? Es strahlt und sagt laut und deutlich »Häkeldeckchen!« Die Eltern sind nicht amüsiert.

WIE ILLUSIONEN
GLÜCKLICH MACHEN

Im Burger King darf ein kleiner Junge seinen Lieblings-Hamburger bestellen. Er sagt: »Bitte einen Cheeseburger ohne Käse«. Der Angestellte, ein der Realität ergebener Erwachsener, antwortet: »Ein Cheeseburger ohne Käse ist ein Burger.«

Die Mutter bestellt den schlichten Burger und sagt zum Kind: »Hier hast du einen Cheeseburger ohne Käse.« Das Kind ist glücklich.

DIE SELBSTLOS
SICH AUFOPFERNDE

Sie ist nicht gerade schlank. Im Café wird ihr eine Riesenwaffel mit einer enormen Portion Sahne drauf serviert, dass einem schon vom Anblick schlecht wird. Sofort bietet sie den Sahneberg ihren Freundinnen an. Die lehnen schaudernd ab. – Damit ist geklärt, dass sie, wenn die Anderen nicht wollen, sich für die Anderen aufopfern muss. Sie bringt das Opfer.

DER SICH VON SELBST ENTSCHEIDENDE ENTSCHEIDUNGSPROZESS

Eine dicke Frau am Morgen beim Bäcker, eine Reihe von Croissants betrachtend, von denen einige mit Schoko gefüllt sind: »Die sind doch alle fies.« Fies, weil dickmachend. – Kurz danach: »Vielleicht ist doch eins nur halb fies.« – Nach kurzer Pause (fest entschlossen): »Ach, ich nehm doch das Schokocroissant.«

SCHADENFREUDE ÜBER
SCHWERFÄLLIGE KATZEN UND
FREUDE ÜBER KLEINE EISBÄREN

An den Social media kann man kritisieren, dass sie alles Andere, nur nicht sozial sind. An der Smartphone-Nutzung kann man das Suchtverhalten der Nutzer kritisieren. Aber wenn ein Kritiker die »sozialen Medien« kritisiert, erwähnt er als Erstes mit Verachtung, dass die Leute sich Katzenbilder und Katzenvideos schicken. Vorausgesetzt wird stets, dass der Austausch von Katzenbildern unpolitisch und niveaulos sei. So schreibt der Finanzexperte Dirk Müller:

»Wer den ganzen Tag Katzenvideos austauscht, kleinen Skandälchen belangloser Personen folgt und mit dem nächsten Schnäppchenkauf beschäftigt ist, der hinterfragt keine große Machtpolitik. Der hinterfragt selten genug die eigene nächste Umgebung.« (2019: 84 f.)

»Hinterfragt«? – Wird denn in den niedlichen Katzenvideos gar nichts hinterfragt? Ist ein Katzenbild nur politisch und niveauvoll, wenn es – im Stil des *Stern* – ein zerrupftes Tier im Tierheim zeigt, wie es hoffnungslos durchs Gitter blickt? Oder bei Eisbären: Wenn das Bild – meist eine Fotomontage – des verzweifelten Eisbären auf der abgeschmolzenen Eisscholle gezeigt wird? Solche »politischen« Szenen, die die Menschheit aufrütteln sollen, sind aber nicht die,

die im Smartphone verschickt werden. Man freut sich zum Beispiel über tückische Katzen: Eine Katze – Katze A – sitzt oben auf dem Schrank und beobachtet sehr lang eine andere Katze – Katze B –, die ebenfalls oben auf dem Schrank sitzt. B gehört da nicht hin, denn das ist die Domäne von A. Als B sich sicher fühlt, fegt der Domänen-Besitzer A den Eindringling mit einem Pfotenschlag in den Abgrund.

Um bei Abgründen zu bleiben: Lustig sind auch Katzenvideos, in denen die Katzenwürde den Bach hinunter geht. Man lacht über die dicke Katze, die zu einem Sprung vom Tisch auf die Kommode ansetzt, weil sie sich noch für schlank wie in ihrer Jugendzeit hält – und zwischen Tisch und Kommode in den Abgrund plumpst. (Man weiß, dass Katzen immer auf ihren Beinen landen, der Absurz also keine Katastrophe ist.)

Dass Kulturkritiker ausgerechnet an Katzenvideos Anstoß nehmen, liegt daran, dass die Leute sich amüsieren, und das auch noch schadenfroh. Das geht ja gar nicht, das ist »unsolidarisch«! Zumal man heute gegenüber Allem und Jedem total ernst bleiben und »Respekt« zeigen und das hochsensible »Eingehen auf den Anderen« praktizieren soll. Lachen über den Verlust der »Würde« Anderer und sei es einer Katze – das gehört sich nicht! Die Befürchtung der Moralisten: Jemand, der über die Selbstüberschätzung jener dicken Katze lacht, könnte auch über jene Politikerinnen und Politiker lachen, die grandiose, angeblich federleicht zu realisierende Programme initiieren und dann im Abgrund der

Realität landen. Das Lachen wäre dann nicht nur schadenfroh, sondern auch ein wissendes, wissend um den Unterschied zwischen dem Reich der Ideen und dem Reich des Empirischen. Heutzutage wissen Wählerinnen und Wähler, wenn federleichte politische Sprünge propagiert werden, dass sie über die Kosten getäuscht werden, die hierbei im Reich des Empirischen entstehen.

Es gibt auch andere Katzenvideos. Da ist man entzückt über niedliche kleine Kätzchen. Und übrigens auch über niedliche kleine Eisbären: Der kleine Eisbär, behütet von seiner Mutter, geht zögernd ins Wasser, und wenn er wieder rauskommt, wälzt er sich glücklich herum – niedlich! Seine Mutter ist nicht berufstätig und schleppt nicht um 8 Uhr früh ihr heulendes Kleines in die Kita. Kleine Eisbären müssen sich auch nicht auf einem Kita-Spielplatz mit anderen Kindern herumprügeln, während die drei Aufsichtspersonen miteinander plaudern, ohne die Kinder auch nur eines Blickes zu würdigen.

Ja, es ist selbstverständlich wünschenswert, dass Frauen ihr Recht auf Berufstätigkeit wahrnehmen. Ja, kleine Kinder lernen vielleicht trotz fauler Aufsichtspersonen in der Kita auch etwas. Aber ebenso wahr ist es, dass das Bild vom kleinen Eisbären ein Glücksbild ist und dass es dieses ist, das sich die Leute übers Smartphone zuschicken. Das Bild vom sorglosen, umsorgten kleinen Eisbären ist ein utopisches Bild. Vielleicht schicken es die Leute einander auch, weil ein solches

Bild angesichts ungelöster gesellschaftlicher Probleme eine gewisse Sprengkraft hat.

Aber haben Kritiker nicht Recht, wenn sie meinen, dass die Leute, statt ihre Zeit mit dem Ansehen von Katzen- und Eisbärenvideos zu verplempern, besser mit ihrer Freundin spazieren gehen sollten? Oder sonst was Lebendiges tun? – Klar! Nur: Ist es nicht auch lebendig, der schlechten Laune, in die das Bild vom armen Eisbären auf der abschmelzenden Scholle die Menschheit versetzen soll, ein Glücksbild entgegen zu setzen? – Und dem heutigen gesellschaftlichen Druck, ein Gutmensch sein zu müssen, die Schadenfreude über den Absturz einer sich selbst als federleicht idealisierenden dicken Katze?

LITERATUR

ADORNO, Theodor W. [1960/61]: Ontologie und Dialektik (Vorlesung). Hrsg. Rolf Tiedemann. Frankfurt 2002

ADORNO, Theodor W. (1967): Einleitung. In: DURKHEIM, Émile: Soziologie und Philosophie. Frankfurt

BEHRINGER, Wolfgang (2019): Kulturgeschichte des Klimas. Von der Eiszeit bis zur globalen Erwärmung. München

BOGNER, Alexander (2021): Die Epistemisierung des Politischen. Wie die Macht des Wissens die Demokratie gefährdet. Ditzingen

BRANDT, Willy [1982]: Links und frei. Mein Weg 1930–1950. Hamburg 2012

BRANT, Sebastian [1494]: Das Narrenschiff. Übertr. H.A. Junghans, Hrsg. Hans-Joachim Mähl. Stuttgart 1998

DIDEROT, Denis [geschrieben 1771–1778]. Jacques der Fatalist und sein Herr (Roman). Berlin 2014

EDERER, Günter (2019): Anleitung für die Ökodiktatur. Internet, Achse des Guten 23.9., 24.9.

FLASCH, Kurt (2008): Kampfplätze der Philosophie. Große Kontroversen von Augustin bis Voltaire. Frankfurt

FLASCH, Kurt (2020): Christentum und Aufklärung. Voltaire gegen Pascal. Frankfurt

GALLINA, Marco (2020): Der Schlaf des Glaubens. Franziskus ist nicht der erste Papst, der mit dem Amt eines UNO-Generalsekretärs zu liebäugeln scheint. In: CATO Nr. 5

GUTSCHKER, Thomas und Konrad SCHULLER (2018): Mensch ärgere Dich nicht. Der Migrationspakt macht vielen Leuten Angst, und manche machen Angst mit ihm. In: Frankfurter Allgemeine Sonntagszeitung 25.11.

HAHNE, Peter (2020): Seid ihr noch ganz bei Trost! Schluss mit Sprachpolizei und Bürokraten-Terror. Köln

HEINSOHN, Gunnar (2019): Wettkampf um die Klugen. Zürich

HEINSOHN, Gunnar (2020a): Die USA verlieren wie Europa ihre Anziehungskraft auf Talente. In: Tichys Einblick 10.8.

HEINSOHN, Gunnar (2020b): Mozambique wieder im Bürgerkrieg. In: Internet, Achse des Guten 16.11.

HELD, Gerd (2019): Die Peripherie spielt nicht mehr mit. In: Internet, Achse des Guten 22.7.

HERRMANN, Ulrike (2016): Kein Kapitalismus ist auch keine Lösung. Frankfurt

HOUELLEBECQ, Michel (2018): Unterwerfung (Roman). Köln

KARG, Luca und Maurice LAßHOF (2021): Die Jugend kriegt die Krise(n). Wahrnehmungen von Fridays-for-Future-Aktiven und Auto-Azubis im Vergleich. Sozialismus. Supplement zu Heft 1/2021

KELLE, Birgit (2015): Gender Gaga. Wie eine absurde Ideologie unseren Alltag erobern will. München

KISSLER, Alexander (2020): Die infantile Gesellschaft. Hamburg

KLING, Marc-Uwe (2020): Die Känguru-Tetralogie (Roman). 4 Bde, Berlin

KOSTNER, Sandra (2019, Hrsg.): Identitätslinke Läuterungsagenda. Eine Debatte zu ihren Folgen für Migrationsgesellschaften. Stuttgart

MEIER, Katja und Till STEFFEN (2021): Für einen ökologischen Bundesstaat. Das Grundgesetz ändern: Handeln muss auf effektiven Klimaschutz eingeschworen werden. In: FAZ 25.3.

MÜLLER, Dirk (2019): Machtbeben. Die Welt vor der größ-
ten Wirtschaftskrise aller Zeiten. München

NEUHÄUSER, Christian und Christian SEIDEL (2020, Hrsg.):
Kritik des Moralismus. Berlin

NEUHOF, Ansgar (2019): Wie die NGOs die Demokratie un-
tergraben. In: Internet, Achse des Guten 2.10., 3.10.

PAPIER, Hans-Jürgen (2019): Die Warnung. Wie der Rechts-
staat ausgehöhlt wird. Deutschlands höchster Richter
klagt an. München

PARSONS, Talcott (1959): Voting and the Equilibrium of the
American Political System. In: BURDICK, E. und A.J.
BRODBECK, American Voting Behavior. Glencoe. Dt.:
Stabilitätsbedingungen politischer Systeme. In: PROKOP,
Dieter (Hrsg.): Massenkommunikationsforschung, Band
1: Produktion. Frankfurt 1972

PIEROTH, Bodo (2019): Zukunftsaufgabe Gleichberechti-
gung. Das Grundgesetz verlangt, auch faktische Benach-
teiligungen so weit wie möglich zu beseitigen. Ein Pari-
tätsgesetz aber ist zweifelhaft. In: FAZ 28.2.

PROKOP, Dieter (2005): Das Nichtidentische der Kulturindustrie. Neue kritische Kommunikationsforschung
über das Kreative der Medien-Waren. Köln

PROKOP, Dieter (2014): Kritische Theorie des Gelds. Marburg

PROKOP, Dieter (2015): Kritische Theorie Europas. Marburg

PROKOP, Dieter (2017): Theorie der Kulturindustrie. Hamburg

SCHIRRMACHER, Frank (2013): EGO. Das Spiel des Lebens.
München

SINN, Hans-Werner (2020): Der Corona-Schock. Wie die
Wirtschaft überlebt. Freiburg

STUCHTEY, Benedikt (2020): Das Chaos ordnen. In: FAZ
7.12.

VAHRENHOLT, Fritz (2020): »Das Elektroauto ist ein Mär-
chen«. Interview mit Roland Tichy. In: Tichys Einblick 11

VAHRENHOLT, Fritz und Sebastian LÜNING (2020): Uner-
   wünschte Wahrheiten. Was Sie über den Klimawandel
   wissen sollten. München

VOLTAIRE [1756]: Essai sur les moeurs (1745 erste Teilver-
   öff., 1756 erste Gesamtausg.). Hrsg. René Pomeau. 2 Bde.
   Paris 1990

VOLTAIRE [1766]: Briefe an Doktor Pansoph. In: Ders.
   (1970): Kritische und satirische Schriften. München

VON ALTENBOCKUM, Jasper (2019): Liberté, Égalité, Parité?
   In: FAZ 1.2.

VON MATT, Peter (2008): Die Intrige. Theorie und Praxis
   der Hinterlist. München

WAGENKNECHT, Sahra (2021): Die Selbstgerechten. Mein
   Gegenprogramm – für Gemeinsinn und Zusammenhalt.
   Frankfurt

Zeitfracht Medien GmbH
Ferdinand-Jühlke-Straße 7
99095 Erfurt, Deutschland
produktsicherheit@kolibri360.de